Brigitte-Gartenbuch

Brigitte GARTENBUCH

Grundkurs für Gartenneulinge

Vom Boden bis zum Baum

Mit Pflanzentabellen und Pflegeterminen

Von Erika Markmann

Ein Brigitte-Buch
im Mosaik Verlag

Herausgeber:
Peter Brasch

Beratung:
Dr. Hans-Helmut Poppendieck, Wissenschaftlicher Rat am Botanischen Garten der Universität Hamburg

Lektorat: Marita Heinz

Gestaltung:
Dietmar Meyer, Ekkhart Blunck, Rainer Sennewald

Fotos:
Gruner+Jahr/Rogers (1); Bent Rej (1); Dietmar Meyer/ Manfred Mahn (3); Erika Markmann (1); Presse Service Pflanzen/ Krüger (3); Wolfram Stehling (6); Verlagsgruppe Bertelsmann/Jung (5)/ Sammer (9)

Herstellung:
Jürgen Schmidt, Druckzentrale G+J

Satz und Lithografie:
Type+Litho Klaus Sakuth GmbH, Hamburg

Druck: Mohndruck, Grafische Betriebe GmbH, Gütersloh

Printed in Germany
ISBN 3-570-01915-2

1. Kapitel

2. Kapitel

3. Kapitel

4. Kapitel

Alle Zeichnungen: Peter Koch

5. Kapitel

6. Kapitel

7. Kapitel

8. Kapitel

9. Kapitel

10. Kapitel

11. Kapitel

Die Autorin:
Erika Markmann ist seit über 15 Jahren Journalistin mit den Fachgebieten Wohnen und Garten. In den vergangenen Jahren spezialisierte sich die Autorin auf Grünthemen – auf alles, was mit Pflanzen und Pflegen zu tun hat. Von ihr stammen auch das Brigitte-Balkonbuch und das Brigitte-Grünpflanzenbuch.

Einen Gartenboden wie diesen wünscht sich jeder Gärtner: lehmig sandig und wunderschön krümelig. Leider ist er in der Natur recht selten.

1. GARTEN-BODEN

Das Wichtigste – und für einen Hobbygärtner zugleich das Schwierigste im Garten – ist der Boden. Im Idealfall besteht er zu etwa zwei Dritteln aus kleinen Steinchen und feinem Erdstaub und zu einem Drittel aus Humus. Schließlich gehören zum Boden noch reichlich Wasser und Luft. Leider kommt dieses Ideal von Natur aus nur selten im Garten vor.

Ganz grob unterscheidet man drei Bodenarten: den schweren Tonboden, den leichten Sandboden und den „gemischten" Lehm- oder Lößboden. Wobei der letzte, vorausgesetzt, das Mischungsverhältnis stimmt, der ideale Boden ist. Die anderen Böden muß man erst in einen ordentlichen Gartenboden verwandeln.

Ein Fachmann kann einen Boden schon bestimmen, wenn er nur eine Handvoll Erde durch die Finger rieseln läßt. Machen Sie ruhig auch einen Versuch; nach kurzer Zeit merken Sie die Unterschiede. Ein Sandboden fühlt sich, wenn man ihn zwischen den Fingern zerreibt, körnig an. Ist der Boden ein bißchen feucht und läßt sich auch etwas formen, handelt es sich um einen Sandboden mit großem Lehmanteil. Aus einem Lehmboden können Sie schon eine Kugel drehen. Sie wird zwar Risse bekommen, behält aber ihre runde Form. Ein Tonboden dagegen fühlt sich leicht schmierig und fettig an, wie Knete. Eine Kugel aus Tonboden übersteht sogar einen Sturz auf die Erde, ohne daß sie zerbricht.

Alle Bodenarten haben ihre Vor- und Nachteile.

Ein Tonboden ist meist reich an Nährstoffen. Zusätzliche Humusstoffe nimmt er gut auf und speichert sie. Außerdem speichert er Wasser, ein Vorteil besonders in trockenen Sommern. Da er die Nässe aber auch im Winter hält, braucht er im Frühjahr sehr lange, um sich zu erwärmen: Der Fachmann spricht daher vom „kalten" Boden. Außerdem fehlt ihm Luft: Die Erde ist so fest zusammengeklumpt, daß die Pflanzenwurzeln sich nur schlecht entwickeln und kaum atmen können. Und wer einmal einen Tonboden umgegraben hat, weiß, wie schwer das geht.

Einen Tonboden zu verbessern kostet manchen Schweißtropfen. Im Herbst müssen Sie ihn möglichst tief umgraben – aber nur, wenn der Boden trocken ist; anschließend nicht glattharken, sondern die groben Schollen liegenlassen. Durch den Frost im Winter wird die Erde lockerer. Durch unterschiedliche Zutaten können Sie die Struktur des Bodens verbessern. Die beste Möglichkeit, den schweren Boden leichter zu machen, wäre natürlich Sand. Aber: Sand und Ton zu mischen ist fast unmöglich. Die andere Möglichkeit: Sie streuen im Herbst nach dem Umgraben Kalk auf den Boden (etwa 350 g gelöschter Kalk pro Quadratmeter Boden). Ist Ihr Boden allerdings schon zu kalkhaltig (das können Sie feststellen, indem Sie seinen pH-Wert ermitteln, siehe Seite 14), dann nehmen Sie besser Gartengips (Kalziumsulfat, im Gartenfachhandel). Dadurch wird der Boden verbessert, ohne daß sich sein pH-Wert verändert. Was im Februar noch an Kalkresten zu sehen ist, wird untergegraben.

Dann sollten Sie einmal im Jahr eine große Menge organischen Materials einarbeiten. Am besten ist Gartenkompost; haben Sie keinen Kompost, eignet sich auch Torf. Ideal ist Pferdemist – wenn Sie ihn bekommen können. Der Kompost oder Torf wird als dicke Schicht gleichmäßig auf der Erde verteilt und dann untergegraben. Der Boden wird dadurch „krümeliger": Er hat mehr Luftporen,

Ein Boden besteht aus mehreren Schichten: ganz oben der kostbare, belebte Mutterboden (1), darunter eine Übergangszone, in der Humusstoffe sich mit dem Mineralboden mischen (2), dann der unfruchtbare Unterboden (3), Gestein (4) und Grundwasser (5).

läßt sich leichter bearbeiten, und die Pflanzen wachsen besser. Und natürlich wird er durch Kompostgaben auch fruchtbarer. Einen schweren Boden sollten Sie übrigens möglichst wenig betreten, damit die Erde nicht noch mehr zusammengedrückt wird.

Ein Sandboden besitzt sehr viele Luftzwischenräume. Er erwärmt sich daher im Frühjahr schnell, und die Pflanzenwurzeln können sich gut ausbreiten; der Boden ist außerdem leicht umzugraben. Aber: Da der Boden zu leicht, zu trocken, zu krümelig ist, kann er nur wenig Wasser und nur wenige Nährstoffe speichern. Das Wasser versickert schnell; die Nährstoffe werden von jedem Regen rasch weggespült.

Langfristig können Sie einen Sandboden verbessern, indem Sie feine Tonteilchen (Tonmehl, im Gartenfachhandel) untermischen. Zusätzlich müssen Sie den Sandboden möglichst oft mit Humus versorgen. Am besten ist auch hier, wie beim Tonboden, Komposterde. Wenn Sie statt dessen Torf nehmen, müssen Sie aufpassen, daß der Boden nicht plötzlich zu sauer wird (siehe Seite 14). Das Einarbeiten von Tonmehl und Humus ist nicht besonders schwierig, da ein leichter Sandboden sich sehr gut mit anderen Stoffen vermischt.

Ein Lehmboden macht kaum Probleme. Er hält gerade so viel Wasser fest, wie die meisten Pflanzen brauchen, der Rest fließt ab; er ist gut durchlüftet und besitzt viele Nährstoffe. Eine grundsätzliche Verbesserung ist beim Lehmboden nicht notwendig;

bearbeiten müssen Sie natürlich auch ihn. Doch dazu später mehr.

Jeder dieser Gartenböden besteht wiederum aus verschiedenen Schichten. Was wir vom Boden sehen, ist der Mutterboden, auch Oberschicht genannt. Er ist der wertvollste Teil des Bodens, denn er wird von vielen winzigen Lebewesen bewohnt, die für Fruchtbarkeit sorgen. Unter dem Mutterboden kommt als nächste Schicht der sogenannte Mineralboden, der für die Ernährung auch noch wichtig ist. Ihm folgen im Bodenaufbau ein unfruchtbarer Unterboden und schließlich Gestein und Grundwasser. Die Abfolge Mutterboden (= Humusboden) / Mineralboden / unfruchtbarer Boden müssen Sie immer vor Augen haben, wenn Sie den Gartenboden einmal tiefer als üblich (üblich ist spatentief) umgraben: Die Schichten dürfen nämlich nicht durcheinandergebracht werden. Wenn ein Mutterboden plötzlich die unterste Schicht ist, wird er wertlos.

Zuviel oder zuwenig Wasser im Boden

Schwierig wird es, wenn Sie nicht nur die oberen Schichten des Bodens verbessern müssen, sondern wenn mit dem Grundaufbau Ihres Bodens etwas nicht stimmt. Das ist dann der Fall, wenn dauernd Pfützen auf der Erde stehen, das Wasser also nicht abläuft, oder – im anderen Fall – das Wasser immer noch viel zu schnell im Boden versickert, obwohl Sie ihn schon verbessert haben, beispielsweise mit Ton. Im ersten Fall ist eine künstliche Entwässerung, im zweiten eine künstliche Bewässerung (oder besser: ein Festhalten des Wassers) notwendig. Zumindest Entwässern aber ist eine Arbeit, die für einen Laien außerordentlich schwierig ist. Schuld an Pfützen sind in vielen Fällen wasserundurchlässige Tonschichten dicht unter der Bodenoberfläche: Das Regenwasser kann nicht ablaufen. In einem solchen Fall müssen Sie Sickerschächte anlegen. Das heißt, Sie müssen alle 15 Meter ein senkrechtes Loch durch diese Tonschicht graben oder bohren, um die Erdschicht darunter zu erreichen, in der das Wasser dann versickern kann. Damit die Schächte nicht wieder mit Erde verstopfen, füllt man sie mit Kies oder mit dicken Steinen. Damit Sie die ganze Fläche wieder bepflanzen können, werden über den Steinen 30 cm Mutterboden aufgefüllt. Schlimmer ist, wenn Ihnen jedesmal beim Umgraben Wasser die Füße umspült, auch wenn es nicht geregnet hat. Dann ist der Grundwasserspiegel zu hoch – Sie müssen den ganzen Garten entwässern. In der Realität heißt das, Sie müssen Ihren Garten mit etwa 90 cm tiefen Gräben durchziehen, die ein leichtes Gefälle haben und zum tiefsten Punkt des Gartens führen. Dort muß dann ein Sickerschacht angelegt werden, der das Wasser in die Kanalisation leitet. In die Gräben werden Drainagerohre gelegt; es funktioniert aber auch mit Ziegelsteinen, die man mit Dachpappe abdeckt. Zum Schluß werden die Gräben wieder zugeschüttet. Aber, wie bereits gesagt: Für diese Arbeit holen Sie sich besser einen Experten.

Ist das Gegenteil der Fall, Ihr Gartenboden also zu trocken, weil der Grundwasserstand zu niedrig liegt, müssen Sie für mehr Feuchtigkeit sorgen. Würden Sie das mit dem Gartenschlauch versuchen, stiege Ihre Wasserrechnung bald ins Unermeßliche. Besser ist es, den Boden so zu verändern, daß er jede Feuchtigkeit, die er bekommt – sei es durch Regen oder Gießen –, länger festhält. Zwei Möglichkeiten gibt es, am besten kombinieren Sie beide: Humus, der unter die Erde gemischt wird (Kompost, Mist oder Torf), speichert das Wasser; eine Bodenabdeckung aus organischem Material, eine sogenannte Mulchschicht (siehe Seite 162), verhindert, daß zuviel Wasser über die Erdoberfläche verdunstet.

Bei hohem Grundwasserspiegel müssen Sie etwa 90 cm tiefe Gräben durch den Garten ziehen, in denen Drainagerohre oder Steine liegen.

Bodenuntersuchungen

Zum Wachsen und Gedeihen brauchen Pflanzen eine Reihe von Nährstoffen und Spurenelementen, die in einem bestimmten Verhältnis im Boden enthalten sein müssen. Bei einem normalen Gartenboden (oder einem von Ihnen verbesserten Boden), auf dem Blumen, Sträucher und Bäume wachsen, genügt es, wenn Sie die Düngeempfehlungen in den jeweiligen Kapiteln beachten. Wenn Sie allerdings einen Gemüsegarten anlegen wollen oder wenn aus einer Baustelle erst ein Garten werden soll, dann sollten Sie einmal das Geld für eine Bodenuntersuchung ausgeben. Sie erhalten dann exakte Angaben über Humusgehalt und pH-Wert des Bodens, über die vorhandenen Mengen an Stickstoff, Phosphor, Magnesium und Kalk. Adressen von Laboratorien, die solche Untersuchungen durchführen, nennt Ihnen Ihr Gartenbauamt. Schreiben Sie das Laboratorium an, dann bekommen Sie Unterlagen zugeschickt, die Ihnen sagen, welche Untersuchungsmöglichkeiten es gibt, was sie kosten, und vor allem bekommen Sie genaue Anweisungen, wie und wo Sie die Bodenproben entnehmen sollen. Geben Sie auch an, wofür Sie den Boden nutzen wollen – für Blumen und Sträucher, für Gemüsebeete oder Obstbäume –, und bitten Sie vor allem um eine Düngeberatung. Mit den Werten einer Bodenuntersuchung allein kann ein Laie nicht viel anfangen.

Eine auch für einen Ziergarten wichtige Bodenuntersuchung können Sie leicht selbst durchführen: die Feststellung des pH-Wertes. Der pH-Wert (potentia hydrogenii) ist „der negativ dekadische Logarithmus der Wasserstoffionenkonzentration“ – ein Begriff, mit dem wohl nur Chemiker etwas anfangen können. Für den Gärtner heißt das: Es gibt Böden mit hohem Säuregehalt (ihr pH-Wert ist niedrig) und solche mit niedrigem (ihr pH-Wert ist hoch). Anders ausgedrückt: Ein Boden mit niedrigem pH-Wert ist kalkarm (= sauer), einer mit hohem pH-Wert ist kalkreich (= alkalisch). Es gibt zwar einige Pflanzen, die einen kalkarmen Boden bevorzugen (z.B. Heidekraut und Rhododendron), und solche, die Kalk mögen (z.B. Astern und Gladiolen). Derart ausgeprägte Vorlieben sind jedoch die Ausnahmen im Pflanzenreich. Die meisten Gartenpflanzen

1

2

3

Beim Umgraben stechen Sie zuerst eine Seitenkante ab (1). Dann drücken Sie den Spaten mit der ganzen Blattlänge in den Boden (2), heben die Erde heraus und werfen sie durch eine knappe Drehung des Stiels umgekehrt in die Vorderreihe (3).

bevorzugen einen neutralen Boden mit einem pH-Wert von 6,5 bis 7. Übrigens: Das Sauerste in der Chemie ist Salzsäure mit pH 0, am stärksten alkalisch dagegen ist Natronlauge mit pH 14. Im Garten bewegen sich die Werte meist zwischen 4,5 und 8,5. Dabei spricht man bei einem Wert, der über 7,3 liegt, von alkalisch (kalkreich), bei einem unter 6,4 von sauer (kalkarm).

Im Fachhandel gibt es sogenannte pH-Meter zu kaufen. Sie bestehen aus einem Reagenzglas, einer chemischen Lösung und einer Farbtabelle. In die Lösung schütten Sie Erdproben, schütteln, warten kurze Zeit, bis sich die Lösung gesetzt hat, und vergleichen ihre Farbe mit der Farbtabelle und dem darin angegebenen pH-Wert. Auch mit pH-Papier aus der Drogerie kann man den Säuregehalt der Erde prüfen: Erde anfeuchten und mit dem Papier berühren. Auch hier gibt die beigefügte Farbskala Aufschluß über den pH-Wert.

Sie könnten sich natürlich nun nur für die Pflanzen entscheiden, die zum vorhandenen Boden passen. Sie können den Boden aber auch entsprechend Ihren Pflanzplänen ändern. Ist er zu sauer, der pH-Wert also zu niedrig, hilft Kalk. Streuen Sie im Herbst oder am Winteranfang Löschkalk oder gebrannten Kalk auf den umgegrabenen Boden, aber nicht zuviel auf einmal: bei schwerem Ton- oder Lehmboden bis 400 g/qm, bei leichtem Sandboden bis 200 g/qm. Bei besonders sauren Böden, mit einem pH-Wert unter 5, sollten Sie über mehrere Jahre hinweg die Höchstmenge geben (400 g/qm). Zwar dauert es dann einige Jahre, bis Sie den Idealboden haben, aber noch höhere Kalkmengen kann der Boden nicht auf einmal aufnehmen. Der Kalk bleibt den Winter über auf dem Beet liegen und wird im Frühjahr untergegraben.

Mit gebranntem Kalk müssen Sie übrigens immer sehr vorsichtig umgehen: Er ätzt. Das heißt, Sie sollten Handschuhe bei der Arbeit tragen und aufpassen, daß kein Kalkstaub in die Augen kommt. Am besten arbeiten Sie an einem windstillen Tag.

Schwieriger ist es, einen kalkreichen Boden saurer zu machen. Versuchen Sie zunächst, den Boden mit sauren Stoffen anzureichern, zum Beispiel mit Torf, Laub- oder Moorbeeterde (im Gartenfachhandel). Wenn Sie bei einem zweiten Test einige Wochen später feststellen, daß der Boden immer noch zu kalkreich ist, können Sie noch einen sauren Mineraldünger (z.B. schwefelsaures Ammoniak) auf die Erde streuen und einharken. So ein Dünger neutralisiert zwar den Boden, er hat aber auch Nachteile: Durch ihn kann das Gleichgewicht zwischen dem Stickstoff und anderen Stoffen im Boden gestört werden; dann wäre der Schaden größer als der Nutzen. Vielleicht pflanzen Sie dann doch lieber kalkliebende Gewächse.

Spaten, Gabel, Hacke

Folgende Geräte zur Bearbeitung des Bodens gehören zur Grundausstattung jedes Gartenbesitzers: Zum Umgraben brauchen Sie einen Spaten. Es gibt Spaten in verschiedenen Längen und Breiten. Vielleicht können Sie bei Freunden ausprobieren, welche Länge für Sie die richtige ist. Spaten aus nichtrostendem Edelstahl sind praktisch. Sie können nach getaner Arbeit einfach abgewischt und weggehängt werden. Weiter brauchen Sie eine Grabgabel. Die Gabel mit den vier Zinken ist für das Umgraben von schweren Böden wichtig, aber auch für allerlei andere Gartenarbeiten.

Schließlich brauchen Sie für den Anfang noch eine Hacke, um die oberste Bodenschicht zu lockern und Unkraut zu bekämpfen, und eine Harke zum Rechen. Harken gibt es wieder in verschiedenen Breiten. Mit einer schmalen Harke können Sie auf bepflanzten Beeten besser arbeiten, breitere sparen Zeit, wenn ganze Beete geharkt werden müssen. Die Harke sollte stets eine gerade Oberkante haben. Dann können Sie damit auch Saatrillen zudrücken. Schauen Sie sich auch Kombinationssysteme an: Dabei kann man auf einen Stiel die verschiedensten Vorsätze stecken, von der Hacke bis zum Gartenbesen. Beim Kauf der Geräte sollten Sie nicht übermäßig sparsam sein: Sie sollen ja viele Jahre halten.

Lockere Böden brauchen Sie nicht umzugraben. Bewegen Sie eine Grabgabel im Boden hin und her, so daß Spalten entstehen, durch die Frost eindringt.

Beim Hacken müssen Sie aufpassen, daß keine Wurzeln beschädigt werden.

Richtige Bodenbearbeitung

Wenn Sie nach allen Vorbereitungen und Verbesserungen nun hoffentlich über einen fast idealen Gartenboden verfügen, ist eine aufwendige Bodenbearbeitung nur auf den Beeten notwendig, die im Herbst abgeräumt und im Frühjahr neu bepflanzt werden, also zum Beispiel bei Sommerblumen.

Früher empfahl man, jeden Boden im Herbst umzugraben und den Winter über so liegenzulassen. Notwendig ist das aber nur bei schweren Böden, die vom Frost aufgeknackt und dadurch gelockert werden müssen.

So graben Sie richtig um: Beginnen Sie an einem Ende des Beetes, und graben Sie die Erde gleichmäßig einen Spatenstich tief um. Dazu stechen Sie die Erde zuerst an der Seite ab, dann drücken Sie den Spaten mit der ganzen Blattlänge mit dem Fuß leicht schräg in den Boden, heben die Erde heraus und werfen sie, mit der Unterseite nach oben, wieder hinein. So arbeiten Sie sich Stich für Stich und Reihe für Reihe vorwärts (siehe auch Seite 14).

Wenn Sie Ihren Boden besonders gut umschichten wollen, laden Sie die Erde der ersten Reihe in eine Schubkarre, füllen diese Furche mit der Erde der folgenden Reihe und lassen die Furche so über das ganze Feld wandern, bis Sie sie mit der zuerst ausgehobenen Erde füllen. Das umgegrabene Beet bleibt bis zum Frühjahr so liegen. Dann brauchen Sie an einem trockenen Tag den Boden nur noch einmal zu lockern und anschließend zu rechen, ehe Sie ihn bepflanzen.

Manchmal muß ein Boden tiefer umgegraben werden – zum Beispiel, wenn eine Baustelle kultiviert werden soll –, weil er durch schwere Fahrzeuge sehr zusammengedrückt und verfestigt wurde. Ihn sollten Sie spatentief umgraben – „Rigolen“ nennt man das. Wichtig dabei ist, daß die obere und die untere Erdschicht nicht vertauscht werden.

Bei einem lockeren Boden dagegen können Sie sich diese Herbstarbeit ganz ersparen. Da genügt es, wenn Sie mit der Grabgabel in kleinen Abständen in den Boden stechen und die Gabel etwas hin- und herbewegen. Dadurch entstehen kleine Spalten im Boden, durch die genug Frost eindringen kann.

Vom Frühjahr bis zum Herbst brauchen Sie den Boden nur gelegentlich mit einer Hacke oder ähnlichem zu lockern. Zum Beispiel, wenn sich nach schweren Regenfällen eine harte Kruste gebildet hat, oder um Unkraut herauszuhacken. Das geschieht bei allen Geräten nach dem gleichen Prinzip: Sie werden in den Boden geschlagen, leicht durchgezogen, herausgehoben und an der nächsten Stelle neu eingeschlagen. Achten Sie aber darauf, daß Sie wirklich nur den Boden lockern und keine Pflanzenwurzeln beschädigen.

Die Sommermalve (Malope trifida) braucht einen Sonnenplatz im Garten. Dort wird sie etwa im April an Ort und Stelle ausgesät.

2. SOMMER-BLUMEN

Die kurzlebigen Sommerblumen sind ideal für Gärtner, die ihre ersten Erfahrungen sammeln: Fehler, die Sie hier machen, korrigieren sich im nächsten Jahr von selbst. Die „Blütenfülle aus der Samentüte" – das ist die Farbenpracht, von der ein Gärtner träumt. Sommerblumen sind unentbehrlich – obgleich sie jedes Jahr neu ausgesät werden müssen.

Sommerblumen gibt es in Hunderten von Arten, aber nur als zwei große Gruppen: einjährige und zweijährige. Wobei die einjährigen eigentlich nur halbjährige sind: Sie werden im Frühjahr (manche auch schon im Spätwinter) ausgesät, blühen im Sommer und sterben im Herbst. Zu ihnen gehören so winzige Pflanzen wie der Duftsteinrich, Schnittblumen wie z.B. der Rittersporn, Riesenexemplare wie die Sonnenblume und auch Kletterpflanzen wie die Kapuzinerkresse.

Um es aber nun doch ein bißchen kompliziert zu machen, unterscheidet man zwischen Einjährigen mit und ohne Vorkultur. Ohne Vorkultur – das bedeutet, daß Sie diese Pflanzen je nach Art zwischen März und Mai gleich in den Garten, direkt an Ort und Stelle, säen können. Dazu gehören zum Beispiel Sonnenblumen, Kornblumen, Tagetes.

Dann gibt es Einjährige, die keinen Frost vertragen, wie Begonien, Petunien, Leberbalsam. Würde man diese nun erst Mitte Mai, wenn garantiert kein Frost mehr droht, draußen aussäen, hätten sie bis zum Sommer nicht mehr genug Zeit, um zu wachsen und zu blühen. Sie brauchen eine Vorkultur. Das heißt, sie werden im Winter im warmen Zimmer ausgesät und im Mai nach draußen gepflanzt. Für eine solche Vorkultur braucht man nicht nur einiges an Sachkenntnis, sondern vor allem viel Platz und viel Zeit. Wer es versuchen möchte, findet auf Seite 25 entsprechende Anleitungen. Wer sich weniger Mühe machen, dafür aber etwas mehr Geld investieren will, kann im Mai vorgezogene Pflanzen kaufen.

Die zweite große Gruppe sind die sogenannten Zweijährigen. Sie sind ein Mittelding zwischen den kurzlebigen einjährigen Pflanzen und den mehrjährigen Stauden; in manchen Büchern werden sie deshalb auch als Halbstauden bezeichnet. Sie werden meist im Frühsommer direkt in den Garten gesät, bekommen bis zum Herbst Blätter und überwintern dann. Im nächsten Frühjahr oder Sommer folgen dann Blüten und Samen; im zweiten Herbst ist ihr Leben meist vorbei. Allerdings nicht immer: Nach einem milden Winter kommen manche im nächsten Frühjahr noch einmal wieder, blühen dann aber nicht mehr so schön. Zu den zweijährigen Sommerblumen gehören unter anderem die Bartnelke, der Goldlack, Glockenblumen und Stiefmütterchen.

Es gibt so viele verschiedene Sommerblumen, daß Sie hier nur einige Tips finden können, die Ihre

Auswahl ein wenig erleichtern:

Besonders pflegeleicht sind Reseda, Ziertabak, Levkojen, Goldlack und Stiefmütterchen. Schon in den Gärten unserer Großeltern standen Löwenmäulchen und Rittersporn, Levkoje, Schleifenblume und Sonnenblume. Besonders gut für Trokkensträuße eignen sich Strohblumen, Meerlavendel, Jungfer-im-Grünen, Sonnenflügel und verschiedene Ziergräser. Gut aufgehoben in der „wilden“ Gartenecke, wo sie sich immer wieder selbst aussäen und praktisch keine Arbeit machen, sind Vergißmeinnicht, Ringelblumen, Isländischer Mohn, Steinkraut.

Ein Blumenbeet will geplant sein

Wenn Sie die bunten Sommerblumen als Farbklecks zusammen auf ein Beet setzen wollen, dann sollten Sie so eine Blumeninsel ein bißchen planen.

Zunächst einmal müssen Sie die Höhe der ausgewachsenen Pflanzen kennen. Es wäre doch schade, wenn man die Tausendschönchen nicht sieht, weil die Glockenblumen sie verdecken. Deshalb gehören hohe Blumen immer in die Mitte, die jeweils niedrigeren um sie herum. Grenzt das Sommerblumenbeet an einer Seite an Sträucher oder an eine Hauswand, kommen die hohen Blumen nach hinten, die jeweils kleineren davor.

Dann geht es um die Farben. Die allerdings sind Geschmackssache. Der eine mag üppige Farbenpracht, der andere liebt Ton-in-Ton-Kombinationen, die durchaus nicht langweilig sein müssen. Es gibt, vor allem in England, berühmte Gärten, in denen nur Blumen mit weißen oder cremefarbigen Blüten wachsen. Zusammen mit dem Grün der Blätter und vielleicht einem roten Backsteinweg kann das faszinierend aussehen. Auch ein blauer oder ein gelbblühender Garten kann wunderschön aussehen. Nur mit roten Blüten sollten Sie ein bißchen vorsichtig sein. Es gibt so viele unterschiedliche Rottöne in der Pflanzenwelt, daß nicht alle zusammenpassen. Wer es bunt mag, sollte viel Weiß verwenden: Das mildert die Kontraste!

Und schließlich ist natürlich die Blütezeit wichtig. Was nutzt es, daß hellblaue Vergißmeinnicht vor weißen Glockenblumen sehr schön aussehen – wenn die Vergißmeinnicht verwelkt sind, ehe die Glockenblumen zu blühen beginnen. Wenn Sie aber Frühjahrs-, Sommer- und Herbstblüher geschickt miteinander kombinieren (planen Sie auch Zwiebelpflanzen mit ein, über die Sie ab Seite 32 ein Extra-Kapitel finden), dann haben Sie schließlich ein Beet, auf dem es das ganze Jahr blüht.

Übrigens: Am einfachsten geht das Planen auf dem Papier. Zeichnen Sie Ihr Beet auf, schneiden Sie Papierkreise aus, auf die Sie Blumennamen, Blütezeit, Höhe und Farbe schreiben, und schieben Sie diese so lange hin und her, bis alles zusammenpaßt.

Inbegriff des Sommers: die großen Blüten der Sonnenblume (Helianthus annuus). Sie erscheinen von Juli bis hin zum Oktober.

Einkaufstips

Die meisten Arten und Sorten finden Sie in speziellen Samenkatalogen. Sie geben auch Auskunft über die Standortwünsche der Blumen. Aber auch in den Samentütchenständern, die im Frühjahr und Sommer in fast jedem Supermarkt stehen, können Sie noch Neuigkeiten entdecken. Auf jedem Tütchen finden Sie genaue Hinweise für Aussaat und Pflege.

Manche Samentüten haben ein Haltbarkeitsdatum aufgedruckt. So lange bleiben die Samen aber nur dann frisch, wenn die Tüte nicht geöffnet wird. Samenreste zu verwahren, lohnt sich meist nicht. Verschenken Sie, was zuviel ist, an Nachbarn, und kaufen Sie im nächsten Jahr lieber frischen Samen.

Wer mit den oft winzigen Samen schlecht zurechtkommt, kann von vielen Arten Pillensamen oder Saatbänder kaufen. Bei pilliertem Samen sind die feinen Körner mit einer Substanz beschichtet, die sich später in der Erde auflöst. Sie lassen sich besser greifen, sind leichter auszusäen und ersparen das spätere Umsetzen zu eng stehender Sämlinge. Saatbänder bestehen aus zwei zusammengeklebten Papier- oder Kunststoffbändern, zwischen denen in gleichmäßigem Abstand Körner liegen. Man schneidet die Länge ab, die man braucht, legt das Bandstück in eine Furche und bedeckt es mit Erde. Beide Spezialsamen sind etwas teurer als Samentütchen der gleichen Sorte.

Wer statt zu säen lieber fertige Pflanzen kauft, sollte mit frostempfindlichen bis Mitte Mai warten. Zwar sind sie manchmal schon eher auf dem Markt, kommen aber dann aus dem Treibhaus und werden womöglich im Garten erfrieren. Die robusten Zweijährigen dagegen können Sie kaufen, sobald sie angeboten werden.

Ganz normale Geräte

Für das Sommerblumenbeet reichen die üblichen, meist vorhandenen Gartengeräte: eine Harke, um Samen einzurechen, eine kleine Schaufel, um Pflanzen einzusetzen, eine Gießkanne, um sie zu begießen.

Wer regelmäßig Einjährige mit Vorkultur im Zimmer heranzieht, sollte sich vielleicht eine Anzuchtschale kaufen. Vielleicht sogar gleich eine beheizbare, in der die Samen bei gleichmäßiger Bodenwärme schneller und besser keimen.

Aussaat von Einjährigen ohne Vorkultur

Die Aussaat unterscheidet sich, je nachdem, ob es sich um einjährige Pflanzen ohne Vorkultur, mit Vorkultur oder um zweijährige Pflanzen handelt. Eines aber haben fast alle Sommerblumen gemeinsam: Sie wollen einen Platz an der Sonne.

Diese Samen werden je nach Pflanzenart zwischen März und Mai (die Termine sind auf den Samentüten angegeben) gleich an die vorgesehenen Stellen im Garten gesät. Der

1

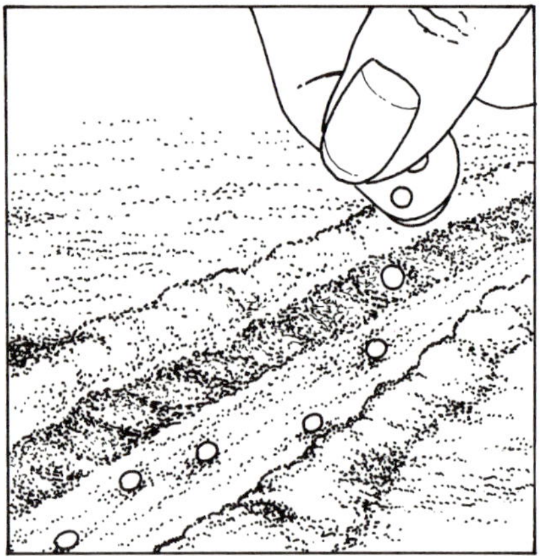
2

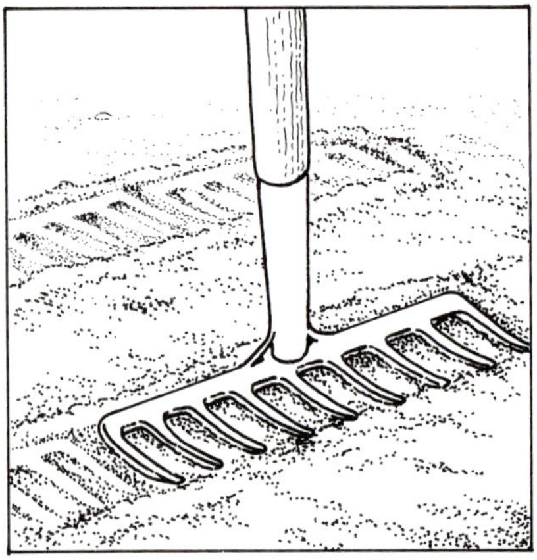
3

Termin ist ein wenig variabel zu sehen: Wenn Sie in einer wärmeren Gegend wohnen, können Sie den frühesten auf der Packung angegebenen Zeitpunkt nehmen. Wohnen Sie dagegen in einer kalten Ecke – oder war es ein extrem kalter, langer Winter –, dann warten Sie besser zwei, drei Wochen länger.

Zuerst wird der Boden ein wenig gelockert und Kompost oder Torf eingearbeitet. Dann streuen Sie einen Volldünger auf den Boden, etwa 50–100 g/m^2, denn alle Sommerblumen brauchen eine nahrhafte Erde. Den Dünger harken Sie etwa 2 cm tief in die Erde ein. Harken Sie so lange, bis die Erdoberfläche ganz feinkrümelig und eben ist. Dann müssen Sie den Boden mit der feinen Spritzdüse des Gartenschlauches gründlich anfeuchten, die Erde trocknen lassen und sie dann nochmals durchharken.

Haben Sie sich vorher einen Plan gemacht, wie Sie welche Blumen zusammenstellen wollen? Dann übertragen Sie ihn nun mit einem Harkenstiel aufs Beet. Dabei kommt es nicht auf einen Zentimeter an, aber ungefähr sollte es stimmen.

Nun wird gesät. Für Ungeübte ist eine Saat in korrekten Reihen am einfachsten. Dort kann man später auch das Unkraut leichter von den winzigen Sämlingen unterscheiden.

So säen Sie in Reihen: Mit der Ziehhacke oder dem Harkenstiel 1/2 bis 1 cm tiefe Furchen ziehen (1). Darin gleichmäßig die Samen verteilen (2). Die Furchen mit der flachen Seite der Harke zudrücken (3). Erde leicht harken, gießen.

Sämlinge, die zu dicht stehen, müssen ausgedünnt werden. Ziehen Sie die Pflänzchen vorsichtig mit einer Hand heraus, aber halten Sie die Erde ringsum mit der anderen Hand fest.

Ziehen Sie mit dem Stiel einer Harke zentimetertiefe Furchen (Faustregel: Jeder Samen wird von so viel Erde bedeckt, wie er dick ist) und verteilen darin die Samen. Der Abstand von Reihe zu Reihe sollte etwa der halben Höhe der ausgewachsenen Pflanze entsprechen. Wenn Sie in breiten Würfen aussäen, sieht das Beet zwar hinterher schöner aus – das gleichmäßige Aussäen ist aber nicht ganz einfach. Am besten üben Sie vorher einmal mit Sand.

Breitwürfig verteilte Samen werden in die Erde geharkt, Furchen mit der flachen Seite der Harke zugedrückt. Wenn es sehr trocken ist, müssen Sie in den folgenden Tagen regelmäßig abends sprengen.

Zunächst sind von den neuen Pflanzen runde Keimblätter zu sehen. Haben sich zwei bis drei Folgeblätter gebildet, müssen die Pflanzen ausgedünnt werden. In der Regel stehen sie nämlich viel zu dicht beieinander. Bei Pillensamen und Saatbändern allerdings erspart man sich diese Arbeit. Der richtige Abstand zwischen jeweils zwei Pflanzen ist auf den Samentütchen angegeben; alles, was dichter steht, ist zuviel und muß ausgerupft werden. Reißen Sie aber möglichst schwache Pflänzchen aus, und lassen Sie die kräftigen stehen.

Aussaat von Einjährigen mit Vorkultur

Diese Samen werden je nach Art zwischen Februar und Anfang April im warmen Zimmer ausgesät. Geeignet ist dazu jedes flache Gefäß. Es gibt auch spezielle Saatschalen zu kaufen. Füllen Sie bis daumenbreit unter den Rand Erde ein, und drücken Sie sie an den Kanten gut fest, sonst sinkt sie dort ein. Streichen Sie die Erde mit einem Brettchen glatt, säen Sie dann dünn und gleichmäßig aus. Über den Samen sieben Sie eine hauchdünne Schicht Erde, dann wird die Erde mit einem Zerstäuber oder einer feinen Brause vorsichtig angefeuchtet. Decken Sie die Schale mit einer Glasscheibe ab, damit sich darunter warme, feuchte Luft bildet und die Saat besser keimt. Bis zur Keimung sollen die Gefäße warm und schattig stehen, am besten an einem Nordfenster in der Nähe der Heizung.

Wenn die ersten Sämlinge erscheinen, sollten Sie die Scheibe zuerst nur anheben (Hölzchen zwischen Schale und Scheibe klemmen), nach ein paar Tagen dann

Sommerblumen mit Vorkultur werden im Zimmer in einer Schale ausgesät. Füllen Sie die Schale mit Blumenerde, streichen Sie sie glatt (1). Dann den Samen gleichmäßig draufstreuen (2). Samen dünn mit Erde bedecken, mit einer Brause anfeuchten (3). Schale mit einer Glasscheibe abdecken, warm und schattig stellen (4).

ganz abnehmen. Übersprühen Sie die Pflänzchen täglich vorsichtig mit nicht zuviel Wasser. Sobald zwischen den runden Keimblättern die ersten „richtigen" Blätter erscheinen, wird pikiert. Das heißt, die Sämlinge werden weiter auseinandergesetzt. Dazu füllen Sie wie oben mehrere neue Schalen mit Blumenerde und bohren mit einem Bleistift oder einem Pikierholz (gibt's zu kaufen) alle drei Zentimeter ein kleines Loch hinein. Heben Sie mit einem Löffel mehrere Sämlinge mit Erde aus der Saatschale, lösen Sie sie vorsichtig voneinander, und setzen Sie die kräftigsten in die Pflanzlöcher der neuen Schalen. Fassen Sie dabei immer nur die Blätter an, nie den zarten Stiel. Drücken Sie

Rittersporn (Delphinium) stand schon in den Gärten unserer Großeltern. Es gibt ihn als einjährige Pflanze, aber auch als Staude.

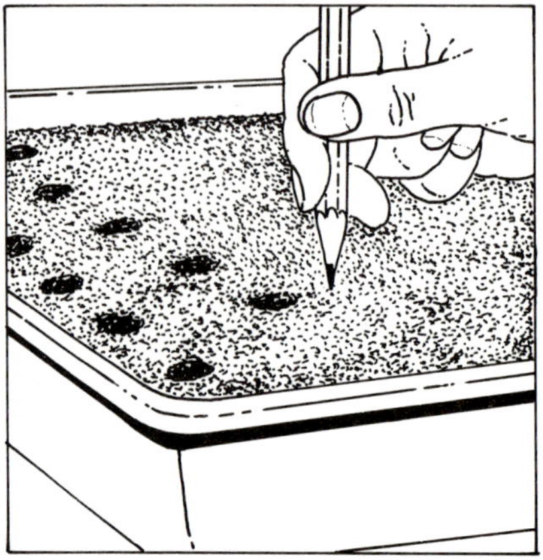

1

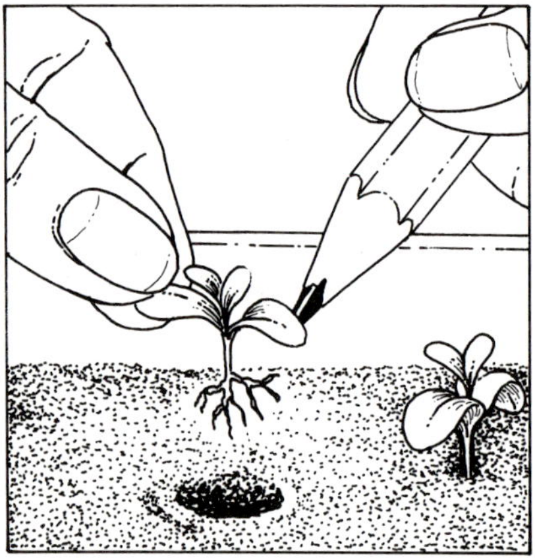

2

Die winzigen Pflanzen müssen pikiert, also mit größerem Abstand neu eingepflanzt werden. Bohren Sie mit einem Bleistift kleine Pflanzlöcher in die Erde (1), setzen die Sämlinge vorsichtig hinein und drücken die Erde mit dem Bleistift fest (2).

mit dem Bleistift ringsum die Erde an. Dann vorsichtig gießen. Stellen Sie die Schalen zwei bis drei Tage auf eine schattige Fensterbank, dann an einen Sonnenplatz. Feucht halten, die Sämlinge aber nicht ertränken!

Nach vier bis sechs Wochen können sich die Pflänzchen allmählich in einer geschützten Terrassenecke an die frische Luft gewöhnen, jeden Tag ein bißchen länger – sie werden dadurch abgehärtet. Etwa Mitte Mai (nach den Eisheiligen), wenn keine Nachtfröste mehr drohen, werden die Pflänzchen an ihren endgültigen Platz gepflanzt. Verbessern Sie auch dafür – wie bei der Aussaat ohne Vorkultur – den Boden mit etwas Volldünger. Wenn Sie die Schalen einmal kräftig auf den Boden stoßen, löst sich die Erde am Rand. Dann können Sie mit einer kleinen Schaufel vorsichtig größere Erdballen herausnehmen und die Pflanzen mit der Hand auseinandernehmen. Vorsicht, daß die Wurzeln nicht beschädigt werden! Dann kommen sie in ein vorbereitetes Pflanzloch (Abstände beachten!). Die Erde wird mit den Fingern angedrückt, dann wird gegossen.

Sehr viel schonender können die kleinen Pflänzchen heranwachsen, wenn in Torftöpfchen gesät wird. Solche Töpfe bekommen Sie im Fachhandel zu kaufen. Sie werden mit Erde gefüllt, dann wird der Samen hineingelegt. Natürlich müssen auch hier zu dicht stehende Sämlinge herausgezogen werden. Dann aber wachsen die Pflänzchen in dem Torftopf weiter heran. Später werden sie dann mit Topf nach draußen gepflanzt. Dabei bleiben die jungen Wurzeln unangetastet, die Pflanzen wachsen schneller und besser weiter.

Aussaat von zweijährigen Sommerblumen

Die Samen werden je nach Art zwischen der dritten Juniwoche und der ersten Augusthälfte ausgesät. Falls an dem vorgesehenen Platz im Garten zu dieser Zeit noch andere Sommerblumen stehen, säen Sie zunächst in eine andere leere Ecke im Garten. Bereiten Sie dort den Boden so vor und säen Sie so aus, wie es bei der Aussaat der Einjährigen ohne Vorkultur (auf Seite 23) beschrieben wurde. Sind die jungen Pflanzen später kräftig genug, können sie an ihren endgültigen Platz gesetzt werden. Dieses Umpflanzen sollte in der Zeit von September bis Oktober geschehen. In Ausnahmefällen, wenn zum Beispiel späte Herbstblüher den endgültigen Platz noch blockieren, können Sie auch noch zwei bis drei Wochen länger warten.

Ein bißchen Pflege

Wenn die Sommerblumen erst einmal an Ort und Stelle im Garten stehen, brauchen Sie nicht mehr viel für sie zu tun. Das wichtigste Wort bei ihrer Pflege heißt „abschneiden", und zwar alle paar Tage die verwelkten Blüten. Dann bildet jede Pflanze ständig neue Blüten.

Einige Sommerblumen, die besonders hoch werden, brauchen eine Stütze. Stecken Sie schon zwischen die Jungpflanzen Stöcke in die Erde, an denen sich die Pflanzen später festhalten können. An einigen Stellen müssen die Pflanzen auch angebunden werden. Später, wenn die Blumen groß sind, sieht man die Stöcke nicht mehr.

Vor allem bei jungen Pflanzen müssen Sie regelmäßig Unkraut jäten, damit die kleinen Blumen nicht ersticken. Und bei Trockenheit müssen Sie gründlich gießen.

Krankheiten und Schädlinge

Leider werden auch die bunten Sommerblumen manchmal krank, leiden unter Mehltau oder werden von Blattläusen und Raupen befallen. Natürlich können Sie dem Problem mit allerlei Chemie zu Leibe rücken. Bei so kurzlebigen Pflanzen stellt sich allerdings die Frage, ob sich das lohnt, da Sie so gleichzeitig viele Nützlinge im Garten vernichten. Reißen Sie lieber kranke Pflanzen aus und werfen sie weg. Aber nicht auf den Kompost, sondern in den Mülleimer.

Manchmal leiden Sommerblumen unter Nährstoffmangel. Wenn sie nicht richtig wachsen, die Blüten klein und die Blätter leicht gelblich sind, sollten Sie es mit einer Portion Dünger versuchen: 20 bis 30 g/m^2 leicht in den Boden hacken und anschließend gießen.

Sommerblumen in allen Größen

Allein mit der Aufzählung der zahllosen Sommerblumen könnte man ein ganzes Buch füllen. Deshalb hier nur eine kleine Auswahl, nach Größen geordnet. Damit Sie Ihren Sommerblumengarten schon ein bißchen vorplanen können.

Niedrige Pflanzen (5–30 cm hoch)

Name	Blütezeit	Farbe	Kulturart
Begonie (Begonia semperflorens)	V–IX	rot/rosa/weiß	einjährig mit Vorkultur
Duftsteinrich (Lobularia maritima)	VI–X	weiß/rosa/violett	einjährig
Gartenreseda (Reseda odorata)	VII–IX	weiß/rot/gelb	einjährig
Leberbalsam (Ageratum houstonianum)	VI–IX	blau/weiß/violett	einjährig mit Vorkultur
Lobelie (Lobelia erinus)	VI–X	blau	einjährig mit Vorkultur
Schleifenblume (Iberis umbellata)	V-VIII	weiß/rosa	einjährig
Stiefmütterchen (Viola wittrockiana)	VI–IX	viele	zweijährig
Tausendschön (Bellis perennis)	III–V	rot/rosa/weiß	einjährig mit Vorkultur
Vergißmeinnicht (Myosotis sylvatica)	IV–V	blau	einjährig, zweijährig

Mittelhohe Pflanzen (30–70 cm hoch)

Name	Blütezeit	Farbe	Kulturart
Bartnelke (Dianthus barbatus)	VI–VII	viele	zweijährig
Gartenbalsamine (Impatiens balsamina)	VI–IX	viele	einjährig
Gartenverbene (Verbena hybrida)	VII–IX	viele	einjährig mit Vorkultur
Goldlack (Cheiranthis cheiri)	IV–VI	gelb/braun	zweijährig
Jungfer im Grünen (Nigella damascena)	VI–IX	blau/weiß/rosa	einjährig
Marienglockenblume (Campanula medium)	VII	rosa/blau/weiß	einjährig
Rittersporn (Delphinium ajacis)	VI–VIII	viele	einjährig, zweijährig
Salvie (Salvia splendens)	VI–X	rot	einjährig mit Vorkultur
Sommeraster (Callistephus chinensis)	VII–X	viele	einjährig mit Vorkultur
Trompetenzunge (Salpiglossis sinuata)	VI-VIII	viele	einjährig mit Vorkultur

Hohe Pflanzen (über 70 cm hoch)

Name	Blütezeit	Farbe	Kulturart
Fingerhut (Digitalis purpurea)	VII–VIII	weiß/rosa/ gelb	zweijährig
Flockenblume (Centaurea americana)	VII–VIII	rosa/lila	einjährig
Löwenmaul (Antirrhinum majus)	VI–X	viele	einjährig mit Vorkultur
Prunkwinde (Ipomoea purpurea)	VII–IX	viele	einjährig
Schlafmohn (Papaver somniferum)	VI–VIII	weiß/rot/ lila	einjährig, zweijährig
Sonnenblume (Helianthus annuus)	VII–X	gelb	einjährig
Stockrose (Alcea rosea)	VII–VIII	rosa/gelb/ weiß/rot	einjährig mit Vorkultur, zweijährig

Saat- und Pflanztermine

Sie hängen sowohl von der Sommerblumenart als auch von der Witterung ab. Die folgende Tabelle enthält dabei nur ungefähre Anhaltspunkte. Nach einem milden Winter können Sie sich schon etwas eher an die Arbeit machen; nach sehr kalten Monaten müssen Sie wahrscheinlich noch ein paar Wochen länger warten, bis Sie draußen säen können.

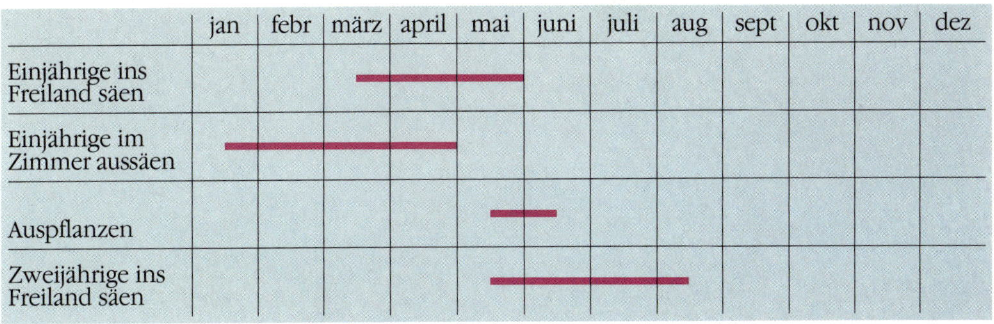

3. ZWIEBEL- UND KNOLLEN- PFLANZEN

Vollkommen winterhart ist die Tigerlilie (Lilium lancifolium). Ihr Kennzeichen sind viele schwarze Flecken auf den Blütenblättern.

Wer an Zwiebelpflanzen denkt, der denkt an Frühling, an Krokusse, Tulpen und Hyazinthen. Aber auch in den übrigen Monaten des Jahres kann es im Garten aus Zwiebeln und Knollen blühen. Der Umgang mit diesen Pflanzen ist kinderleicht. Die meisten von ihnen sind besonders pflegeleicht: Nachdem Sie sie einmal eingesetzt haben, können Sie die Zwiebel- und Knollenpflanzen – was die Arbeit angeht – vergessen.

Der Laie nennt sie fast alle Zwiebelgewächse: jene Pflanzen, die statt normaler Wurzeln dicke, unterirdische Speicherorgane haben. Der Botaniker unterscheidet drei Gruppen:

Pflanzen mit echten Zwiebeln wie Tulpen, Narzissen, Lilien. Die Zwiebel setzt sich aus fleischigen Schuppenblättern zusammen, die am Zwiebelboden ansitzen.

Pflanzen mit Zwiebelknollen wie die Gladiole und der Krokus. Die Knolle ähnelt zwar von der Form her einer Zwiebel, besteht aber nicht aus Blättern, sondern aus Speichergewebe mit einer oder zwei zwiebelartigen Hüllen.

Pflanzen mit Wurzelknollen wie die Dahlie. So eine Wurzelknolle ist eigentlich nichts anderes als eine verdickte, fleischige Wurzel. Aus ihr entwickeln sich mehrere Triebe, während aus Zwiebeln und Knollen immer nur ein Trieb wächst.

In der Praxis allerdings sind ganz andere Einteilungen wichtiger als diese botanische: die nach Frühjahrs-, Sommer- und Herbstblühern nämlich, und vor allem die nach winterharten und nicht winterharten Zwiebel- und Knollenpflanzen.

Vorfrühlingsblüher. Wenn die anderen Pflanzen noch ihren Winterschlaf halten, dann blühen, oft noch im Schnee, Schneeglöckchen, Krokusse, Winterlinge und Blausternchen. All diese kleinen Pflanzen passen gut zusammen und sehen in großen Gruppen am besten aus.

Frühlingsblumen. Im Frühling, dann, wenn es etwas wärmer wird, blühen die meisten Zwiebelpflanzen. Tulpen, Hyazinthen, Narzissen und Märzbecher gehören dazu. Sie alle können im Gras oder Beet jahrelang wachsen, ohne daß man sich sehr um sie kümmern muß.

Sommerblumen. Im Frühsommer und Sommer erscheinen die eleganten Vertreter dieser Gattung: Lilien, Gladiolen, Montbretien. Sie fühlen sich im Staudenbeet heimisch, aber auch vor Sträuchern.

Herbstblüher. Sogar ausgesprochene Herbstpflanzen gibt es bei den Zwiebel- und Knollengewächsen. Herbstzeitlose und Herbstkrokus tragen die Jahreszeit sogar im Namen. Auch sie sollten wieder gruppenweise auftreten, vor Büschen, im Rasen und unter Bäumen.

Noch wichtiger aber als die Einteilung der Blumen nach ihrer Blütezeit ist es, sie danach zu unterscheiden, ob es sich um winterharte oder um nicht winterharte Pflanzen handelt. Denn das bedeutet gleichzeitig pflegeleicht oder arbeitsintensiv – keine unwichtige Entscheidung für einen Freizeitgärtner.

Zu den winterharten gehören alle Frühlingsblumen, aber auch die Lilien. Einmal in die Erde gelegt, wachsen und vermehren sie sich jahrelang ohne viel Pflege. Wenn es irgendwann einmal so viele geworden sind, daß sie sich gegenseitig den Platz wegnehmen, kann man sie herausnehmen, teilen und wieder neu einpflanzen.

Etwas Mühe machen die nicht winterharten Pflanzen, wie zum Beispiel Knollenbegonien, Gladiolen, Dahlien, Montbretien. Sie müssen in jedem Herbst ausgegraben werden, überwintern an einem frostfreien Ort und kommen dann im Frühling oder Frühsommer wieder in die Erde.

Dann gibt es noch Pflanzen wie zum Beispiel die Anemone oder die Präriekerze. Sie zählen zwar zu den nicht winterharten, sind aber so robust, daß sie einen nicht extrem kalten Winter mit einer Frostabdeckung aus Torf, Stroh oder Tannenzweigen unbeschadet überstehen.

Einkaufstips

Blumenzwiebeln sollten Sie kaufen, sobald die ersten in den Geschäften angeboten werden. Dann ist die Auswahl am größten, auch an selteneren Arten.

Wundern Sie sich dabei nicht über Bezeichnungen wie Qualität 8/10 oder Qualität 12/14. Diese geheimnisvollen Zahlen geben schlicht den Umfang der Zwiebel oder Knolle an. Je größer eine Zwiebel ist, desto größer wird im Normalfall auch die Blüte sein. Manchmal verwenden die Firmen übrigens statt der exakten Zahlenangaben auch Phantasiebezeichnungen wie „Extraklasse", „Beetgröße" oder „Mini". Die Preisunterschiede der Größenklassen können beträchtlich sein. So bezahlen Sie für 50 Gladiolenknollen der Qualität 10/12 genausoviel wie für 120 Knollen der Qualität 8/10. Die großen Knollen brauchen Sie eigentlich nur dann, wenn Sie im eigenen Garten besonders große Schnittblumen ziehen wollen. Sonst reichen mittlere Größen völlig aus. Pflanzen Sie dafür lieber mehr von einer Art.

Bei Narzissen unterscheidet man zwischen „runden" und „mehrnasigen" Zwiebeln. Je mehr Nasen die Zwiebel hat, desto mehr Blüten bekommt sie, desto teurer ist sie aber auch. Auch hier können Sie ruhig die preiswerten runden nehmen; Tochterzwiebeln bekommen die in den nächsten Jahren von selbst.

Neue, noch relativ seltene Sorten sind meist teuer. Machen Sie in diesem Fall eine Ausnahme von der Regel: Pflanzen Sie keine große Gruppe, sondern erst einmal ein oder zwei Zwiebeln, am besten an einen Extra-Platz, zum Kennenlernen. Wenn Sie dann meinen, daß die Pflanzen ihren Preis wert sind, können Sie im nächsten Jahr immer noch mehr dazukaufen.

Auf Billigangebote bei Zwiebeln und Knollen sollten Sie nicht hereinfallen. Hier kommt es wirklich auf Qualität an. Am besten kaufen Sie Ihre Zwiebeln dort, wo Sie sie in die Hand nehmen können. Gesunde Zwiebeln sind fest und haben keine weichen Stellen. Sie sind im Verhältnis zu ihrer Größe recht schwer. Tulpen-, Hyazinthen- und Narzissenzwiebeln müssen eine unversehrte Haut haben; bei Lilien müssen Sie besonders auf den Zwiebelboden achten: Schwarze Flecken am Boden sind ein Zeichen für Pilzbefall. Alles, was bläuliche Schimmelstellen hat, sollten Sie nicht kaufen. Oder besser: gleich den Laden wechseln.

Ein Blumenzwiebelpflanzer hilft

Zwiebeln und Knollen kann man mit einer ganz normalen kleinen Schaufel in den Boden bringen – ohne jedes Problem. Es gibt aber auch ein spezielles Gerät, mit dem die ohnehin schon einfache Arbeit noch einfacher wird: einen Blumenzwiebelpflanzer. So ein Pflanzer ähnelt einer an beiden Seiten offenen Konservendose. Man sticht damit in den Boden, hebt die Erde aus, legt die Zwiebel in das Loch und läßt durch einen Druck auf den Griff die ausgehobene Erde wieder fallen. So ein Pflanzer kostet nur ein paar Mark, und bei Hunderten von Zwiebeln spart er Zeit und Mühe.

Ein Blumenzwiebelpflanzer ähnelt einer an zwei Seiten offenen Dose mit einem Griff zum Eindrücken.

Winterharte Zwiebeln, die im Frühjahr oder Frühsommer blühen, kommen im Herbst in die Erde. Und zwar dann, wenn der Boden nicht mehr wärmer wird als etwa 10°C. Bei dieser (und niedrigerer) Temperatur können sie am besten Wurzeln bilden. Normalerweise ist das in unseren Breitengraden im September/Oktober der Fall. Diese Temperaturangabe bedeutet aber nun nicht, daß Sie ständig mit dem Thermometer in den Garten gehen müssen: Kommen die Zwiebeln nämlich zu früh in die Erde, dann „warten" sie einfach, bis die richtige Wintertemperatur erreicht ist, ehe sie Wurzeln bilden. Aber die richtige Pflanzzeit ist auch vom Standort abhängig. So können Sie ein Südbeet, das den ganzen Tag von der Sonne beschienen wird, noch sehr viel später bepflanzen als ein schattiges Nordbeet.

1 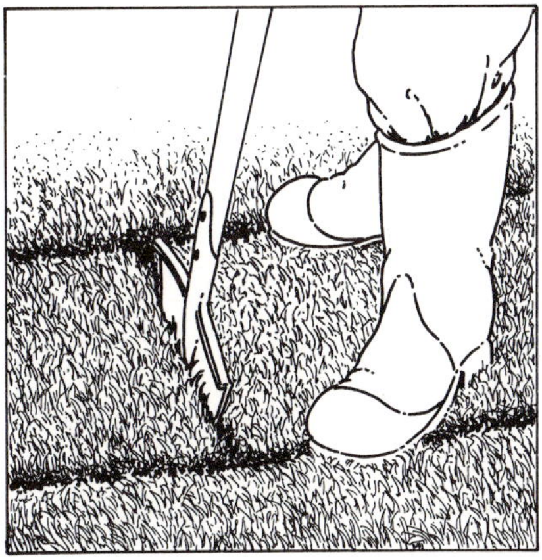  2

So pflanzen Sie Zwiebeln, etwa Krokusse, in einen Rasen: zuerst mit dem Spaten ein H ins Gras stechen (1), die beiden Rasenstücke vom Untergrund lösen und hochklappen, die Erde darunter lockern, Zwiebeln mit einer Schaufel einpflanzen (2).

Nicht winterharte Zwiebelpflanzen, die im Sommer blühen sollen, kommen im Frühjahr in die Erde. Besonders empfindlich sind Knollenbegonien und Kaladien. Sie dürfen erst dann nach draußen, wenn garantiert keine Nachtfröste mehr drohen. Das ist aber erst ab Mitte Mai, nach den Eisheiligen, der Fall. Da ihnen dann jedoch zuwenig Zeit zum Wachsen und Blühen bleibt, müssen sie schon etwa zwei Monate vorher im Zimmer vorgetrieben werden. Das heißt, sie werden in einen Topf mit Erde gepflanzt und an einen warmen, sonnigen Platz gestellt. Herbstkrokus, Herbstzeitlose und Kaiserkrone werden im Hochsommer gepflanzt.

Ein Platz an der Sonne

Normale Feuchtigkeit und genügend Sonne vorausgesetzt, können Sie Ihre Zwiebeln pflanzen, wo Sie wollen: auf Beete, unter Bäume, Sträucher und in den Rasen, aber auch in Pflanzkübel und in Blumenkästen, wenn diese tief genug sind. Nur unter immergrüne Sträucher, die auch im Frühjahr dichtes Laub tragen, sollten Sie keine Zwiebelgewächse setzen. Dort bekommen sie nicht genügend Licht.

Recht viel Sonne brauchen die meisten dieser Pflanzen. Einige aber sind auch etwas genügsamer. Märzenbecher und Alpenveilchen, Schneeglöckchen, Traubenhyazinthen und Winterlinge wachsen besonders gut im Schatten von Bäumen und Sträuchern.

Am schönsten in dichten Büschen: Narzissen (Narcissus) und verschiedenfarbige Tulpen (Tulipa).

In den Rasen sollten Sie nur kleine Zwiebelpflanzen setzen, deren Laub nach der Blüte schnell abwelkt. Bei großen Pflanzen müssen Sie sonst zu lange warten, bis Sie den Rasen das erste Mal wieder mähen dürfen. Denn nur völlig verwelkte Blätter dürfen abgemäht werden.

Normale, gut wasserdurchlässige Erde ist für Zwiebelpflanzen gut geeignet. Nur wenn Sie einen sehr feuchten oder schweren Gartenboden haben, sollten Sie vor allem Tulpen und Lilien in eine Schicht aus grobem Sand setzen. Dann sickert der Regen schneller durch, und die Zwiebeln faulen nicht.

Das Pflanzen ist kinderleicht

Zwiebelgewächse sollten nie einzeln stehen (von den riesigen Kaiserkronen einmal abgesehen), aber auch nicht in Reih und Glied. Eine Art von „regelmäßiger Zufälligkeit" erzielen Sie am einfachsten dadurch, daß Sie einige Handvoll Zwiebeln oder Knollen auf den Boden werfen und dort einpflanzen, wo sie liegenbleiben. So entstehen wie in der Natur dichte und weniger dichte Tuffs.

Nun heben Sie ein Pflanzloch aus, legen die Zwiebel hinein und decken sie mit Erde wieder zu. Für die Pflanztiefe gilt als Faustregel: zweimal so tief wie die Zwiebel hoch ist. Allerdings: Wildwachsende Zwiebeln sitzen meist bedeutend tiefer. Die Standardregel heißt deshalb: lieber zu tief als zu flach pflanzen. Kleinere Zwiebeln und Knollen sollten etwa 10 cm, größere 15–20 cm tief unter der Erde sitzen. Dann ist die Gefahr, daß sie beim Hacken des Bodens aus Versehen an die Oberfläche befördert werden, weniger groß. Wichtig ist, daß die flache Seite der Zwiebel immer nach unten liegt. Und daß sie wirklich auf der Erde aufsitzt. Es passiert nämlich leicht, daß das Loch ein bißchen zu eng ist. Dann „schwebt" die Zwiebel in der Luft und kann von unten faulen, weil sich in dem Hohlraum unter ihr Wasser ansammelt. Nach dem Einpflanzen wird gut gegossen.

Düngen brauchen Sie den Boden bei einer Neupflanzung nicht. Denn in der Zwiebel sind schon alle Teile der späteren Pflanze – Stengel, Blätter, Blüte – vorhanden. Und die Zwiebelschalen sind vollgepackt mit Nährstoffen, um diese Pflanze zu versorgen. Das erklärt auch, wieso man Zwiebeln im Zimmer, ganz ohne Erde, zum Blühen bringen kann.

Nie Verwelktes schneiden

Während Sie bei allen anderen Pflanzen im Garten regelmäßig Verwelktes abschneiden sollen, müssen Sie den Zwiebelgewächsen ihre Blätter so lange lassen, bis sie wirklich völlig verwelkt sind. Denn im Blattgrün sind die wichtigsten

Manchmal muß man abgeblühte Zwiebelpflanzen bis zum endgültigen Welken zwischenlagern: Graben Sie die Zwiebeln vorsichtig aus (1), legen Sie sie in eine Kiste mit feuchtem Torf an einen hellen Ort (2), gießen Sie bei Trockenheit (3). Sind die Blätter ganz vergilbt, werden die Zwiebeln herausgenommen und gesäubert (4). Bei der Gelegenheit können Sie Brutzwiebeln abnehmen (5). Dann werden die Zwiebeln bis zum Herbst kühl und trocken verwahrt (6).

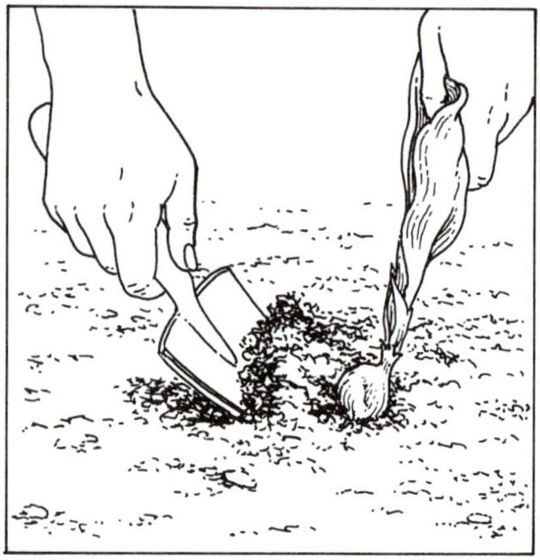

1

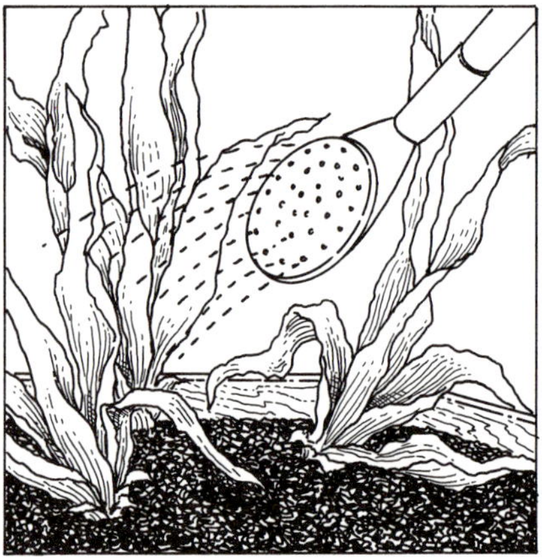

3

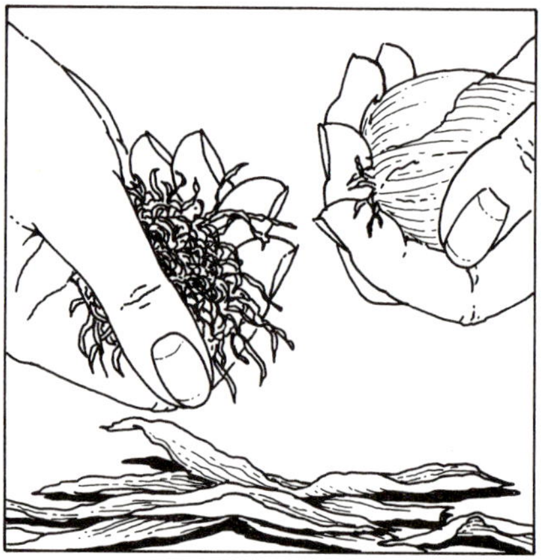

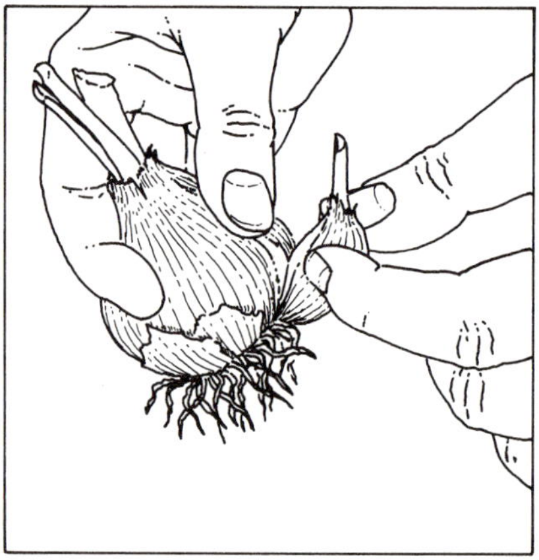

5

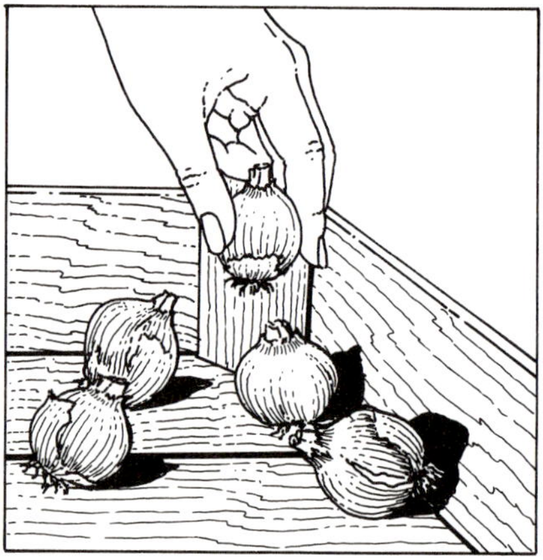

Nährstoffe enthalten, die beim Verwelken nach und nach in die Zwiebel zurücktransportiert und dort fürs nächste Jahr gelagert werden. Welke Blüten allerdings sollten Sie mitsamt Stiel abschneiden – spätestens dann, wenn sich Samen bilden. Denn die Kraft, die eine Zwiebel braucht, um Samen zu entwickeln, sollte sie besser fürs nächste Jahr zugunsten einer schöneren Blüte sparen. Eine Sonderbehandlung, was das Schneiden angeht, braucht die Hyazinthe: Sie ernährt sich durch ihren Stengel. Deshalb dürfen Sie bei ihr nur die welken Blüten abstreifen, aber nie den Stengel abschneiden.

Manchmal können Frühlingsblumen deshalb nicht in Ruhe welken, weil an ihre Stelle schon Sommerblumen gesät werden sollen. In einem solchen Fall müssen Sie die Zwiebeln umsetzen, an eine andere Stelle im Garten, wo sie nicht gestört werden. Sind es nicht zu viele, können Sie sie auch in eine Kiste mit feuchtem Torf packen. Dann müssen Sie aber bei Trockenheit noch regelmäßig gießen. Sind dann die Blätter ganz vergilbt, nehmen Sie die Zwiebeln aus dem Torf, entfernen tote Blätter und Wurzeln, reiben die Zwiebeln leicht zwischen den Händen, so daß trockene Schalen abfallen, legen sie in flache Schachteln und verwahren sie bis zum neuen Einpflanzen im Herbst kühl und trocken an einem hellen Ort.

Das richtige Verwahren ist auch das A & O beim Überwintern der nicht winterharten Knollengewächse. Sie werden, wenn die Blätter ganz verwelkt sind, vorsichtig aus dem Boden genommen. An einem schattigen, luftigen Ort sollten sie zunächst ein bis zwei Wochen trocknen, dann werden Blätter, Wurzeln und trockene Schalen abgenommen. Füllen Sie flache Kisten mit Torfmull, und betten Sie die Knollen hinein. Von Zeit zu Zeit sollten Sie den Torf mit einem Zerstäuber leicht ansprühen; er darf aber nie richtig naß werden. Der beste Winterplatz ist ein zehn Grad kühler, luftiger, trockener Kellerraum.

Gießen und Düngen

Wenn es im Sommer längere Zeit nicht geregnet hat, dann sollten Sie auch rings um die Zwiebelpflanzen den Boden wässern – und zwar nicht tröpfchenweise, sondern gründlich.

Einmal im Jahr brauchen Zwiebel- und Knollenpflanzen Dünger. Für Frühlingsblüher ist der richtige Dünge-Zeitpunkt der März, für Sommerblüher die Zeit gleich nach dem Austrieb. Gießen Sie vorher, damit der Boden gut feucht ist (man soll nie auf trockene Erde düngen!), und streuen Sie pro Quadratmeter ein bis zwei Handvoll Knochenmehl oder einen anderen, phosphorbetonten Dünger aus (Phosphor ist der Nährstoff, der für die schöne Blüte sorgt). Hinterher werden die Pflanzen noch einmal gegossen, damit kein Dünger auf den Blättern liegenbleibt.

1

2

Dichte Zwiebelgruppen müssen Sie teilen. Nehmen Sie die ganze Gruppe mit einer Grabgabel aus dem Boden (1), entfernen Sie die Erde, und trennen Sie die Pflanzen mit den Fingern auseinander (2). Dann werden sie neu eingepflanzt.

Zwiebeln und Knollen vermehren sich selbst

Bei den Zwiebel- und Knollengewächsen brauchen Sie sich um neue Pflanzen nicht zu kümmern. Das besorgen die Pflanzen selbst: Sie produzieren kleine Brutzwiebeln oder Nebenknollen. Nach einigen Jahren sind dichte Pflanzbüsche entstanden, wo Sie nur einige Zwiebeln oder Knollen in den Boden gelegt hatten. Allerdings nehmen sie sich dann gegenseitig die Nahrung weg und bekommen schließlich weniger und kleinere Blüten. Wenn Ihnen das auffällt, müssen Sie die Horste teilen. Die beste Zeit dafür ist kurz nach der Blüte, wenn die Blätter anfangen, gelb zu werden. Nehmen Sie die Pflanzen mit der Grabgabel aus dem Boden, entfernen Sie vorsichtig die Erde, und trennen Sie die vielen Zwiebeln oder Knollen mit den Fingern auseinander. Dann können Sie sie auf verschiedene Stellen Ihres Gartens verteilen und wieder einpflanzen.

Krankheiten und Schädlinge

Alle Zwiebeln und Knollen haben gemeinsame Feinde: Mäuse und Kaninchen, die sich mit Gier auf sie stürzen. Wenn Sie wissen, daß diese Tiere in Ihrer Gegend vorkommen, packen Sie die Zwiebeln am besten gleich in einen Zwiebelkorb oder hüllen sie in Maschendraht.

Ganz spezielle Krankheiten treten nur bei bestimmten Arten auf. Narzissenzwiebeln zum Beispiel können von der Narzissenfliege befallen werden. Sie fühlen sich dann an der

Frühlingsboten im winterlich-kahlen Garten: Krokus (Crocus chrysanthus) und Schneeglöckchen (Galanthus nivalis) zählen dazu.

Zwiebeln, die in jedem Herbst herausgenommen werden müssen wie z.B. Gladiolen, findet man im Zwiebelkorb leichter wieder: Zwiebeln oder Knollen hineinlegen, mit Erde füllen, bis zum Korbrand einpflanzen.

Spitze und Basis weich an und bekommen nur Blätter, aber keine Blüten. Tulpenfeuer nennt sich eine Krankheit, bei der die Tulpen wäßrige Flecken und Streifen bekommen, die Stengel faulen und umkippen. Lackschorf bei Gladiolen bringt die Pflanzen zum Umknicken. Die Knollen haben dann runde, eingeschrumpfte Stellen mit deutlichen Rändern. Bei allen diesen Krankheiten sollten Sie alle Zwiebeln nach der Blüte aus dem Boden nehmen, kranke sorgfältig aussortieren und wegwerfen und die gesunden an anderer Stelle wieder einpflanzen.

Pflanz- und Pflegetermine

Viele Termine brauchen Sie sich bei den Zwiebelgewächsen nicht zu merken. Die wenigen aber sollten Sie möglichst exakt einhalten.

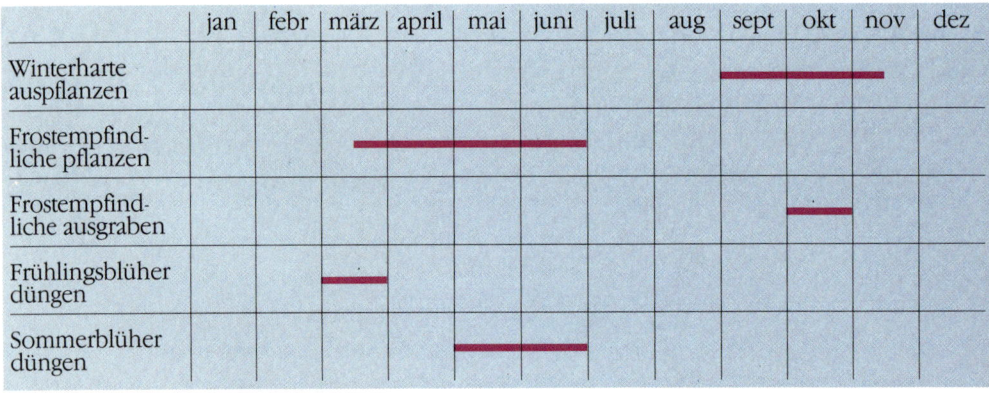

Blütezeit-Kalender

Mit ein bißchen Planung können Sie monatelang blühende Zwiebel- und Knollenpflanzen im Garten haben. Zwar beginnt der Frühling nicht jedes Jahr exakt zum gleichen Termin: Weil die Natur manchmal ein bißchen launisch ist, stimmen die Monatsangaben womöglich nicht immer genau. Die Blütenfolge aber bleibt jedes Jahr gleich. Sie brauchen sich also nur aus jeder der folgenden Gruppen ein paar Lieblinge herauszusuchen.

Januar/Februar
Krokus (Crocus)
Schneeglöckchen (Galanthus)
Winterling (Eranthis)

ab März
Blaustern (Scilla)
Frühlingsanemone (Anemone blanda)
Märzbecher (Leucojum vernum)
Narzisse (Narcissus)
Schneestolz (Chionodoxa)
Zwiebeliris (Iris)

ab April
Hundszahn (Erythronium)
Hyazinthe (Hyacinthus)
Kaiserkrone (Fritillaria imperialis)
Klebschwertel (Ixia)
Puschkinie (Puschkinia)
Traubenhyazinthe (Muscari)
Tulpe (Tulipa)

ab Mai
Fransenschwertel (Sparaxis)
Knotenblume (Leucojum aestivum)
Lauch (Allium)
Präriekerze (Camassia)
Ranunkel (Ranunculus asiaticus)

ab Juni
Gladiole (Gladiolus)

ab Juli
Dahlie (Dahlia)
Hakenlilie (Crinum)
Lilie (Lilium)
Montbretie (Crocosmia)
Sommerhyazinthe (Galtonia)
Tigerblume (Tigridia)

ab August
Belladonnalilie (Amaryllis)
Sterngladiole (Acidanthera)

ab September
Herbstzeitlose (Colchicum autumnale)
Sternbergia

ab Oktober
Herbstkrokus (Crocus)

4.

STAUDEN

Staudenrabatte, wie sie sein sollte: Hinten wachsen hohe Pflanzen, davor blühen niedrigere wie zum Beispiel Spornblumen (Centranthus).

Für die Ewigkeit sind Stauden nicht gemacht, aber ihre Lebensdauer ist doch beträchtlich. Schon im ersten Sommer blühen sie in den schönsten Farben. Im Herbst sterben ihre oberirdischen Teile ab. Im nächsten Frühjahr treiben sie neu aus. Und wenn sie sich im Garten richtig wohlfühlen, und etwas gepflegt werden, dann werden sie von Jahr zu Jahr mehr.

Stauden gibt es buchstäblich in allen Größen und allen Farben, es gibt pflegeleichte und empfindliche, es gibt sie mit und ohne Blüten, für Sonnen- und Schattenplätze, kurz: Es gibt Stauden für jeden Garten und jeden Gärtner.

Gärtner unterscheiden zunächst einmal zwischen Beet- oder Prachtstauden und Wildstauden.

Beetstauden sind solche, in die Züchter viel Arbeit gesteckt haben, die immer weiter entwickelt wurden, damit sie besonders schön und farbenprächtig blühen. Leider sind sie dabei auch ein bißchen empfindlich geworden, wollen also gepflegt werden. Zu den Beet- oder Prachtstauden gehören zum Beispiel Gartenlupinen, Phlox, Pfingstrosen, Rittersporn, Schwertlilien. Stauden dieser Gruppe sollten Sie auf ein Extra-Beet in der Sonne setzen.

Wildstauden sind solche, um die sich die Züchter nicht gekümmert haben, die pflegeleicht sind und am liebsten einen Platz haben, an dem sie still vor sich hin wachsen und blühen können. Das muß übrigens kein Sonnenplatz sein. Viele von ihnen wachsen auch im Schatten oder Halbschatten. Zu den Wildstauden zählen zum Beispiel Bergenien, Bärenklau, Gemswurz, Margeriten, Staudenastern, Trollblumen.

Aber auch die Stauden einer Gruppe unterscheiden sich sehr. Da gibt es ganz winzige wie das Steinkraut oder Blaukissen, die sogar in Mauerfugen und zwischen Steinen wachsen. Die sogenannten Bodendecker wie die Bergenie überziehen ganze Flächen mit einem grünen Teppich. Die ganz großen wie der Federmohn, die allerdings kurzlebige Herkulesstaude, die Riesenskabiose bilden schon als Einzelpflanze richtige Schwerpunkte im Garten. Dann unterscheidet der Gärtner natürlich zwischen solchen, die im Frühjahr (Kugelprimel), im Sommer (Lupine) und im Herbst (Silberkerze) blühen. Die meisten werden ihrer schönen Blüten wegen gepflanzt wie Nelken, Sonnenblumen, Tränendes Herz und Anemonen. Andere fallen wegen ihres schönen Laubes auf. Dazu gehören Funkien, Katzenpfötchen, Edeldisteln, Mauerpfeffer. Manche Stauden, die Pfingstrose etwa, können sogar ihren Gärtner überleben. Andere, wie Akelei, Rittersporn und Lein, bleiben nur ein paar Jahre lang schön. Sogar Wasserpflanzen (Seerose, Chinaschilf) und auch Pflanzen, die man essen kann (Rhabarber), zählen zu den Stauden.

Eine spezielle Gruppe unter den Stauden sind die Farne. Als ursprüngliche Waldbewohner wachsen sie am liebsten unter Bäumen oder höheren Sträuchern im Schatten und gedeihen dann ohne jede Pflege. Für den Garten kommen verschiedene Arten in Frage, auch immergrüne wie der Rippenfarn. Der stattlichste unter den Farnen ist wohl der Königsfarn.

Eine zweite Gruppe, die sich von den Blütenstauden abhebt, ist die der Staudengräser. Dazu gehört der hohe Bambus genauso wie das Pampasgras mit seinen silbernen Wedeln, das Lampenputzergras mit dem hängenden Laub und das Bärenfellgras, das dichte Polster bildet.

Hochwachsende Stauden mit schwachen Stengeln brauchen eine Stütze, damit sie im Wind nicht umfallen. Staudenhalter aus Aluminium mit Kunststoffbändern können Sie kaufen.

Stauden in Gesellschaft

Stauden können Sie in Ihrem Garten mit allen anderen Pflanzen kombinieren. Sie passen zu Sommerblumen und Zwiebelgewächsen genausogut wie zwischen Rosen und vor Sträucher.

Wer dagegen ein reines Staudenbeet anlegen will, sollte einige Regeln beachten. Liegt so ein Beet mitten im Rasen, sieht es oft recht langweilig aus. Es braucht einen Hintergrund, einen Rahmen sozusagen. Dazu eignen sich am besten Bäume und Sträucher. Suchen Sie eine entsprechende Stelle im Garten aus, wo dieser Hintergrund vorhanden ist. Bedenken Sie aber, daß auch die Himmelsrichtung (Sonne oder Schatten) stimmen muß.

Haben Sie vor oder zwischen den Gehölzen ein Beet angelegt, werden als erstes sogenannte Leitstauden gepflanzt. Das sind besonders auffallende, meist recht hohe Stauden wie Pfingstrosen, Sonnenblumen, Rittersporn, um die sich die anderen Stauden gruppieren. Bei Stauden gilt das gleiche wie bei den Sommerblumen: die niedrigen gehören nach vorn, die höheren mehr in die Mitte und nach hinten. Außerdem sollten solche, die nach der Blüte unansehnlich werden, immer etwas weiter hinten stehen, so daß sie dann von anderen verdeckt werden. Vermeiden Sie auch bei den Stauden ein Zuviel und ein großes Durcheinander. Pflanzen Sie lieber mehrere Stauden einer Art zusammen, und das an zwei oder drei verschiedenen Stellen des Beetes.

Einkaufstips

Bevor Sie einkaufen, sollten Sie sich darüber informieren, was es überhaupt gibt. Und das ist speziell bei Stauden eine Menge! Helfen können Ihnen Kataloge von spezialisierten Staudengärtnereien. Darin finden Sie nicht nur Fotos der einzelnen Stauden, sondern auch Angaben zum Standort der Pflanze, zu ihren sonstigen Wünschen, zur Wuchshöhe und zu den Blütenfarben. Danach können Sie sich einen Wunschzettel machen.

Bevor Sie aber die Stauden bestellen oder kaufen, sollten Sie sie möglichst einmal in natura gesehen haben. Schließlich handelt es sich um Dauerbewohner für Ihren Garten. Am besten gehen Sie mit dem Zettel in der Hand zur Blütezeit der jeweiligen Stauden in einen botanischen Garten, schauen sich die Prachtstücke dort an und treffen erst dann eine endgültige Entscheidung, welche es nun sein sollen.

In manchen Katalogen ist übrigens die Rede von sogenannten Liebhaberstauden. Das sind fast immer Pflanzen mit Sonderwünschen – etwas für erfahrene Gartenbesitzer, aber nicht für Gartenanfänger.

Und wer sich unter anderem für Farne entschieden hat, der sollte auch diese in einer Gärtnerei kaufen und nicht vom Waldspaziergang mitbringen. Zum einen, weil es gegen das Naturschutzgesetz verstößt, aber auch, weil ein richtiger Waldfarn im Garten verkümmert.

Die beste Pflanzzeit

Stauden können Sie im Frühjahr pflanzen, etwa von März bis Mitte Mai, dann wieder im Herbst, etwa ab Ende August bis Anfang November. Die beste Zeit für die meisten von ihnen sind die ersten Septemberwochen. Dann können sie noch gut einwurzeln, bevor der Winter beginnt.

Sowie sich dann im Frühjahr die Luft erwärmt, fangen sie an zu wachsen. Im Frühjahr gepflanzt, vor allem in einem sehr kalten oder sehr trokkenen Frühling, wachsen sie im ersten Jahr oft noch nicht richtig. Stauden, die in Töpfen, in sogenannten Containern, gezogen wurden, kann man theoretisch auch im Sommer einsetzen. Denn die an den Topf gewöhnten Wurzeln werden dabei nicht gestört. Praktisch wird das aber nur selten vorkommen, weil durch das Graben oft andere Pflanzen, die in der Nähe stehen und zu der Zeit gerade besonders schön blühen, in Mitleidenschaft gezogen werden.

Einige Stauden haben allerdings Sonderwünsche: Farne, Gräser, Chrysanthemen, Staudenastern und Lupinen sollte man immer erst im Frühling, etwa im April, pflanzen. Sie gedeihen besser, wenn sie sich in die warme Jahreszeit hinein entwickeln. Sumpf- und Wasserpflanzen werden sogar erst ab Mai ausgesetzt, wenn sich das Wasser genügend erwärmt

Das Maiglöckchen (Convallaria majalis) breitet sich an einem schattigen Platz in saurem Boden rasch aus.

hat. Zum Pflanzen eignet sich am besten ein windstiller Tag, an dem der Himmel etwas bewölkt ist.

Treffen bestellte Stauden zu einem Zeitpunkt ein, an dem sie aus irgendwelchen Gründen nicht sofort gepflanzt werden können, müssen sie trotzdem gut untergebracht werden. Containerpflanzen, also solche im Topf, werden schattig aufgestellt und täglich gegossen. Stauden mit offenen Wurzeln muß man einschlagen. Das heißt, Sie heben (an einer schattigen Stelle) einen schmalen Graben aus, verbessern die Erde mit etwas feuchtem Torf, legen die Pflanzen nebeneinander hinein und füllen Erde über die Wurzeln. Zur Not können die Pflanzen dort Wochen überdauern.

Der richtige Platz

Daß Sie eine sonnenhungrige Staude nicht in den Schatten, einen Waldbewohner wie den Farn nicht in die pralle Sonne setzen, versteht sich wohl von selbst. Was den Boden angeht, so sind die meisten Stauden mit einem ganz normalen Gartenboden zufrieden. Haben Sie allerdings einen Problemboden (siehe Seite 11), einen sauren oder alkalischen, sehr trockenen oder sehr feuchten, dann müssen Sie ihn entsprechend aufbereiten. Nelken und Iris zum Beispiel bevorzugen einen durchlässigen Boden. Ist Ihrer sehr schwer, sollten Sie in das Pflanzloch etwas groben Kies oder Sand einarbeiten. Primeln dagegen brauchen viel Feuchtigkeit. Da helfen ein paar Hände voll Torf im Pflanzloch, weil der bei Trockenheit auch noch das letzte Wasser speichert. Allerdings muß der Torf naß eingefüllt werden. Sonst saugt er sofort alle Feuchtigkeit aus der Umgebung an sich, und die Primel steht im Trockenen.

Von hohen Mauern und Hecken sollten Stauden einen gewissen Abstand halten. Denn im Staudenbeet muß die Luft gut zirkulieren, damit die vielen Blätter nach einem Regen schnell abtrocknen. Sonst entstehen leicht Pilzkrankheiten.

Den Boden vorbereiten

Da Stauden oft zehn Jahre und länger an ihrem Platz bleiben, müssen Sie den Boden gut vorbereiten. Standen am vorgesehenen Platz schon vorher Blumen, genügt es meist, wenn Sie die Erde mit einem Kultivator lockern und dabei etwas Kompost einarbeiten.

Wollen Sie aber eine Fläche neu bepflanzen, sollten Sie sie etwa drei Wochen vorm Pflanztermin gründlich umgraben: zwei Spaten tief, dabei alle Unkräuter und Steine heraussammeln. Lassen Sie den Boden so liegen, und streuen Sie pro Quadratmeter etwa einen Eimer Torf, Rindensubstrat oder Gartenkompost darauf. Erst unmittelbar vor dem Pflanzen, drei Wochen später, werden die

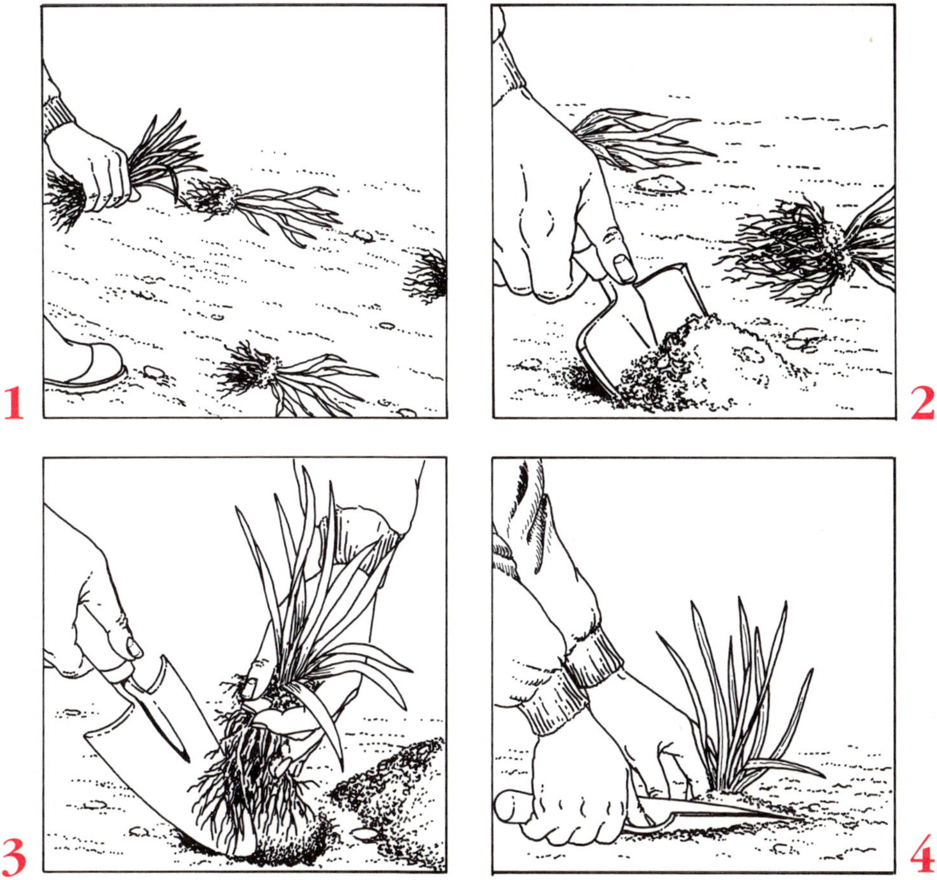

So pflanzen Sie Stauden: Verteilen Sie die Pflanzen gleichmäßig auf dem Beet (1). Für jede Staude graben Sie mit der Pflanzschaufel ein Loch, das breit und tief genug ist für alle Wurzeln (2). Setzen Sie die Staude so hinein, daß die Wurzeln nicht abknicken (3), füllen Sie Erde ein, drücken Sie sie mit Fingern und Schaufel gut an (4).

Schollen zerkleinert und noch einmal mit Dünger versorgt (mit organischem Dünger wie Horn- und Knochenmehl, Torfmischdünger oder mineralischem Volldünger).

Legen Sie sich die Pflanzen an den Stellen zurecht, wo sie später wachsen sollen. Solche, die auf dem Transport ein bißchen welk geworden sind, und Containerpflanzen müssen zuerst gründlich gegossen und ein paar Stunden in den Schatten gestellt werden.

Zum Einsetzen reicht für Pflanzen mit kleinem Wurzelballen eine kleine Pflanzschaufel, für große nehmen Sie den Spaten. Für jede einzelne Pflanze müssen Sie ein Loch gra-

1 

 2

Welke Blüten müssen Sie regelmäßig abschneiden: blattlose Stengel dicht über dem Boden (1), belaubte über den obersten Blättern (2).

ben, groß und breit genug, daß es alle Wurzeln aufnehmen kann. Dann stellen Sie die Staude in das Loch, füllen wieder Erde ein und rütteln zwischendurch ein bißchen, damit alle Hohlräume zwischen den Wurzeln mit Erde gefüllt sind. Zum Schluß drücken Sie die Erde mit den Fingern rings um die Pflanze gut an und schlämmen sie mit dem Schlauch (halb aufgedreht) ein. Die Wurzeln werden beim Pflanzen nicht beschnitten – es sei denn, sie sind außergewöhnlich lang. Dann werden sie auf 20–25 cm gekürzt, damit man sie im Pflanzloch besser ausbreiten kann.

Wichtig ist, daß Stauden nicht zu dicht zusammenstehen. Der richtige Abstand von einer Pflanze zur anderen beträgt bei kleinen Pflanzen 20 cm, bei großen 40–50 cm.

Manche Stauden – z.B. die Lampionblume, der Federmohn oder das Hornkraut – breiten sich so rasch aus, daß sie schon bald anderen Stauden den Platz wegnehmen. Wenn Sie schon beim Pflanzen einen Streifen Dachpappe rings um ihre Wurzeln legen, können Sie sie im Zaum halten.

Ist es nach dem Einpflanzen an den nächsten Tagen sonnig und warm, müssen Sie jeden Tag mit einer feinen Brause gießen.

Die meiste Pflege im ersten Jahr

Im Sommer, nachdem sie gepflanzt wurden, machen die Stauden am meisten Arbeit. Denn die freien Flächen zwischen ihnen sind geradezu eine Einladung für Unkraut.

Alles, was nicht aufs Staudenbeet gehört, müssen Sie notgedrungen jäten. Kleine Unkräuter können Sie mit der Hand auszupfen, für größere brauchen Sie eine Hacke, mit der Sie sie dicht unter der Oberfläche abschneiden. Tiefwurzelnde lösen Sie mit einer Grabgabel und ziehen sie mit der Hand heraus. Nur: Wer mit Hacke und Grabgabel nicht ganz vorsichtig umgeht, zerstört oft nicht nur das Unkraut, sondern auch die Staudenwurzeln.

Deshalb sollten Sie lieber versuchen, den freien Boden zwischen den Stauden so schnell wie möglich zu bedecken, entweder mit raschwachsenden Sommerblumen oder mit Mulch. So eine Mulchschicht kann aus verrottetem Kompost, aus Lauberde oder auch Grasschnitt bestehen. Im Frühjahr nach dem ersten Jäten etwa 5–8 cm dick rund um die Pflanzen, am besten aufs ganze Beet gepackt, verhindert sie das Wachsen von neuem Unkraut, hält die Feuchtigkeit im Boden fest und sorgt, indem sie sich zersetzt, auch gleich für Nahrung im Boden.

Wenn Sie stark verunkrautete bodendeckende Pflanzen – sogenannte Polsterstauden – haben, können Sie natürlich nicht mulchen. Dann müssen Sie die Polster wie Rasensoden abheben, einzeln alle Unkräuter herauszupfen und die Polster erst einmal zur Seite legen. Dann werden alle Unkrautreste aus dem Beet entfernt, wird die Erde gelockert und etwas Dünger eingearbeitet. Schließlich können Sie die Polster einfach wieder oben auflegen und leicht andrücken.

Bei der Staudenpflege ist es, wie bei den Sommerblumen, wichtig, daß welke Blüten und Stiele regelmäßig abgeschnitten werden. Einzelne, unbelaubte Blütenstiele (z.B. bei der Fackellilie) schneiden Sie so nah wie möglich am Stielansatz ab. Stauden, die im unteren Teil Blätter haben, werden dicht über den obersten Blättern abgeschnitten.

Gießen und Düngen

Wenn Sie die Erde mit einer Mulchschicht abgedeckt haben, brauchen Sie nur bei sehr langen Trockenperioden zu gießen. Dann aber nicht tröpfchenweise, sondern durchdringend. Am besten gießen Sie morgens, dann kann das Laub den ganzen Tag über trocknen. Bleiben Blätter nachts naß, entstehen leicht Pilzkrankheiten.

Beim Düngen sollten Sie unterscheiden zwischen Beetstauden, die für etwas Dünger recht dankbar sind, und Wildstauden, die so gut wie gar keinen Dünger brauchen. Wenn Sie im Frühjahr oder Herbst, vor oder nach Beendigung des Austriebs, eine zwei bis vier Zentimeter dicke Kompostschicht auf das Beet streuen, können Sie sich weiteres Düngen für den Rest des Jahres sparen. Haben Sie keinen Kompost, streuen Sie im Frühjahr pro Quadratmeter etwa 120 g eines organischen Düngers, zum Beispiel eine Mischung aus Horn- und Knochenmehl. Aber auch ein Volldünger, 50 g pro m^2, ist geeignet.

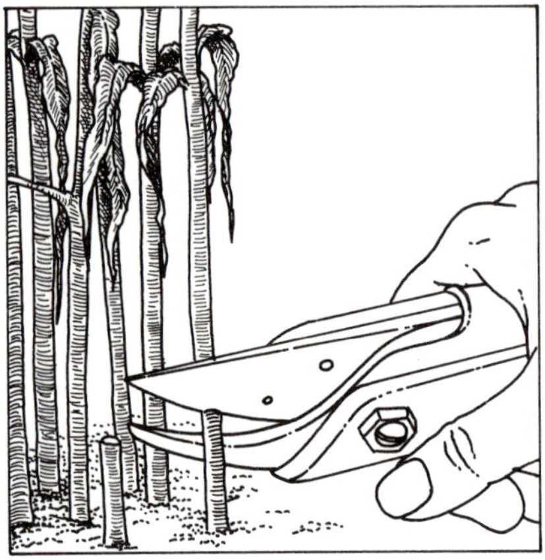
1

2

Im Spätherbst werden die Stauden dicht über dem Boden abgeschnitten (1) und bekommen einen Winterschutz aus den alten Stielen und Lauberde (2).

So überwintern Stauden

Nach den ersten Herbstfrösten, im Oktober/November, müssen Sie das Staudenbeet auf den Winter vorbereiten. Zunächst einmal werden alle nicht wintergrünen und nicht mehr schönen Pflanzen mit der Gartenschere dicht über dem Boden abgeschnitten. Solche, die ein bißchen kälteempfindlich sind (wie einige Lupinensorten), bekommen eine Winterabdeckung aus den abgeschnittenen Stengeln und etwa 5 cm Lauberde. Diese Abdeckung verrottet langsam; was im März noch von ihr übrig ist, muß wieder abgenommen werden. Sie darf auf keinen Fall zu lange liegenbleiben: Werden die Stauden zu früh zum Treiben angeregt, weil es so schön warm ist, dann gucken sie aus der Abdeckung und erfrieren beim nächsten Frost.

Eine Ausnahme unter den Stauden machen die Gräser. Sie werden nicht wie die anderen Pflanzen im Herbst zurückgeschnitten, sondern erst im Frühjahr, etwa im April. Der Grund dafür liegt in ihrer Empfindlichkeit. Sie vertragen keine Feuchtigkeit im Herz der Pflanzen, die – bei abgeschnittenen Halmen – gar nicht zu vermeiden wäre. Lassen Sie die Halme also im Herbst stehen, und binden Sie sie oben wie einen Schopf zusammen. Dann läuft das Regenwasser nach außen ab. Zusätzlich können Sie eine Schicht Lauberde auf den Boden packen.

Von Zeit zu Zeit verjüngen

Selbst wenn Sie regelmäßig mulchen und düngen, kommt irgendwann – oft nach fünf bis sechs Jahren – der Augenblick, wo die Stauden den Boden ausgelaugt haben, nicht mehr so schön blühen, nur noch außenherum wachsen und in der Mitte kahle Stellen bekommen. Sie müssen dann umgepflanzt und dabei verjüngt, das heißt geteilt werden.

Die beste Zeit zum Verjüngen ist der Herbst, nachdem die Pflanzen verwelkt sind. Der Boden sollte dabei nicht zu naß sein. Zum Ausgraben brauchen Sie eine Grabgabel, die Sie rings um die Pflanzengruppe in die Erde stoßen und so hin- und herbewegen, daß sich die Wurzeln der Pflanzen im Boden lockern. Dann werden die Pflanzenballen vorsichtig herausgehoben. Entfernen Sie mit den Fingern so viel Erde wie möglich, und schneiden Sie abgestorbene Wurzeln und Stiele ab.

Dann werden die Pflanzen geteilt. Stauden mit kräftigen, verholzten Trieben können Sie mit den Fingern auseinanderreißen; solche mit weichen Stielen wie der Rittersporn werden mit einem Messer in große Stücke geschnitten; Polsterstauden legt man auf den Boden und zertrennt sie mit dem Spaten. Aus den vielen Einzelstücken suchen Sie die schönsten zum Neueinpflanzen aus.

1

2

Die meisten Stauden können Sie teilen, indem Sie sie mit den Fingern auseinanderziehen (1). Bei manchen aber sind die Wurzeln so verflochten, daß Sie am besten zwei Grabgabeln mit dem Rücken zueinander in die Mitte des Wurzelballens stechen und die Pflanzen so auseinanderreißen (2).

Recht imposant ist die weißblühende Herkulesstaude (Heracleum mantegazzianum). Sie wird in einem Sommer bis zu drei Metern hoch.

Das Pampasgras mag keine nassen Winter. Binden Sie die Halme wie einen Schopf zusammen, dann läuft das Regenwasser ab. Streuen Sie auf den Boden eine dicke Schicht Lauberde, die mit Tannenzweigen abgedeckt wird.

Die Mittelstücke der Stauden, die am ältesten sind, sind oft so verkümmert, daß man sie besser wegwirft.

Als nächstes werden alle Wurzelreste aus dem Boden gesammelt. Dann lockern Sie die Erde gründlich und arbeiten etwas Kompost ein. Beim Wiedereinpflanzen sollten Sie alle Stauden untereinander vertauschen, so daß keine an ihren alten Standort kommt.

Übrigens: Verjüngen sollten Sie Stauden nur dann, wenn es wirklich notwendig ist. Wenn sie gut gedeihen und keine anderen Pflanzen stören, dann können sie ruhig länger als sechs Jahre an ihrem Platz bleiben – so lange, bis sie dann irgendwann doch nicht mehr so schön blühen und kahle Stellen bekommen.

Krankheiten und Schädlinge

Wenn Sie die richtigen Stauden an den richtigen Platz pflanzen und sie richtig pflegen, dann können Sie Krankheiten fast ausschließen. Wenn aber auch auf Ihrem Staudenbeet einmal Blattläuse oder Mehltau vorkommen, dann können Sie die Pflanzen mit handelsüblichen oder selbstangerührten Mitteln (siehe auch Seite 164) behandeln.

Gefürchtet ist bei den Staudenastern die sogenannte Asternwelke, bei der die Pflanzen welken und sterben. Sie läßt sich praktisch nicht bekämpfen. Kranke Pflanzen müssen Sie sofort vernichten (nicht auf den Kompost werfen), die restlichen an einen anderen Platz setzen.

Wenn Stauden nach einiger Zeit nur noch dünne Stiele und weniger, auch relativ kleine Blüten bekommen, kann das zwei Ursachen haben. Meist ist es ein Zeichen von Nahrungsmangel. Dem können Sie abhelfen, indem Sie kräftig düngen und die Erde dick mit Kompost abdecken. Ändert sich allerdings in den nächsten Monaten nichts, bleiben die Stiele weiterhin schwach und die Blüten klein, müssen Sie die Pflanzengruppen im nächsten Herbst teilen, so wie es im vorigen Kapitel beschrieben wurde.

Immer wieder kommt es auch vor, daß neugepflanzte Stauden einfach nicht richtig anwachsen wollen. Das erkennen Sie fast immer daran, daß die Pflanzen etwa drei bis vier Wochen nach dem Einpflanzen plötzlich braune Blätter bekommen. In einem solchen Fall sollten Sie nicht allzulange warten, sonst könnte es für die Stauden zu spät sein. Graben Sie die Pflanzen sorgfältig wieder aus, so daß die Wurzeln nicht beschädigt werden. Dann müssen Sie den Boden noch einmal gründlich lockern, die Stauden wieder neu einpflanzen, wie auf Seite 53 beschrieben, und recht gut angießen.

Bodendecker wie Blaukissen, die Sie nach der ersten Blüte stark zurückschneiden, bilden neue Triebe oder auch neue Blüten.

Pflanz- und Pflegetermine

Hier finden Sie Termine, die für die meisten Stauden gelten. Einige haben Sonderwünsche. Dann finden Sie im Kapitel entsprechende Hinweise.

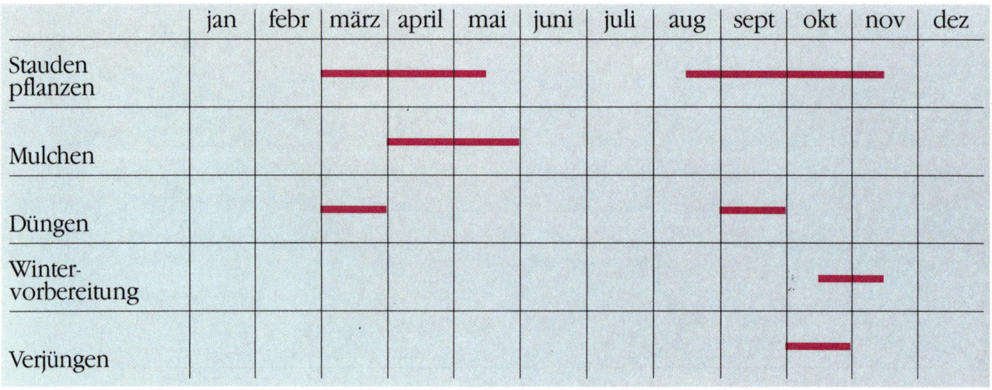

Stauden für den Schatten

Stauden für einen Sonnenplatz zu finden ist kein Problem. Aber auch für die schattigen Stellen Ihres Gartens gibt es Stauden, denen weder Lichtmangel noch der Wurzelfilz von Bäumen und Sträuchern etwas anhaben können. Fast alle Gartenfarne sind für solche Schattenecken geeignet, aber auch die folgenden Blütenstauden.

Name	Höhe (cm)	Blütezeit	Bemerkungen
Christophskraut (Actaea)	40– 60	V–VI (IX)	Je nach Art mit schwarzen, weißen oder roten Beeren
Christrose (Helleborus)	20– 50	I–III	mehrere interessante Arten
Funkie (Hosta)	30– 60	VI–VIII	vor allem als Blattschmuck
Geißbart (Aruncus dioicus)	150–180	VI–VII	duftige Blütenrispen
Haselwurz (Asarum europaeum)	5– 10	IV–V	Bodendecker für trockenste Stellen
Herbstanemone (Anemone-Japonica-Hybriden)	50–100	VIII–X	weiß oder rosa; besser Halbschatten
Immergrün (Vinca)	15– 30	IV–V	Bodendecker, verschiedene Arten und Sorten
Lampionblume (Physalis alkekengi)	40– 60	VII	Fruchtschmuck; Vorsicht, wuchert!
Maiglöckchen (Convallaria majalis)	15– 30	V	Beeren giftig!
Prachtspiere (Astilbe)	30–100	VII–IX	viele Arten und Sorten
Salomonssiegel (Polygonatum)	50–100	V–VI	überhängende Blütentriebe
Schattengrün (Pachysandra terminalis)	20– 30	IV	beliebter Bodendecker
Schattennessel (Lamium maculatum)	20– 30	VI–VIII	rosablühender Bodendecker, am schönsten mit grünweißen Blättern
Schaublatt (Rodgersia)	100–150	VI–VIII	„Kastanienblattstaude“, duftend
Schildblatt (Peltiphyllum peltatum)	50–100	IV–V	rosa Blütendolden, Laubschmuck
Silberkerze (Cimicifuga)	80–200	VII–X	cremeweiße Blütenstände
Steinbrech (Saxifraga)	15– 40	V–VI	Alpenpflanzengattung mit einigen Schattenstauden
Storchenschnabel (Geranium platypetalum)	40– 50	VI–VIII	blaue Blüten, dichtes Laub
Taglilie (Hemerocallis)	80–100	VI–VII	vorwiegend Gelb-, Rot- und Brauntöne
Tränendes Herz (Dicentra spectabilis)	100	IV–V	altbekannte Bauerngartenpflanze

Manche Rosen haben einen ganz und gar unpassenden Namen. Dieser rosafarbene Traum, eine Strauchrose, heißt seltsamerweise „Raubritter".

5. ROSEN

Die Königin der Blumen findet man in fast jedem Garten. Es stimmt schon, daß eine edle Rose ein bißchen gehätschelt werden will. Aber zum Glück für alle Rosenliebhaber sind Rosen in den letzten Jahren sehr viel robuster und pflegeleichter geworden. Und – viele der neuen Rosen duften wieder, wie die Rosen, an die wir uns aus Großmutters Garten erinnern.

Botanisch gesehen gehören die Rosen zu den Gehölzen, den Sträuchern. Für den Gartenbesitzer aber sind sie etwas Besonderes – oft das Schönste in seinem Garten.

Die langstieligen Edelrosen sind von allen Rosen am empfindlichsten. Sie sind ein Produkt der Rosenzüchter, hervorgegangen aus einer Reihe von Kreuzungen. Edelrosen stehen im Garten am liebsten allein. Und nur dann kommen auch ihre eleganten, großen, gefüllten Blüten, die zwischen Juni und Oktober erscheinen, gut zur Geltung.

Beetrosen dagegen sind am schönsten in der Gruppe, als farbenprächtiges Blütenmeer. An jedem ihrer Triebe sitzen fünf, sieben oder noch mehr Blüten; vom Juni bis zum ersten Frost erscheinen fast ohne Pause neue Knospen. Zur Gruppe der Beetrosen gehören die kräftigwachsenden Polyantharosen mit ihren kleinen Blüten, die Polyanthahybriden (eine Kreuzung aus Polyantharosen und Edelrosen) mit größeren Blüten und schließlich die Floribundarosen, deren Edelrosenanteil bei der Kreuzung vergrößert wurde. Die Folge sind noch schönere Blüten. Die neuesten Beetrosen sind die Floribunda-Grandiflora-Rosen, die Blüten haben wie Edelrosen, aber so robust und winterhart sind wie die Polyantharosen. Je nach Art werden die Beetrosen zwischen 30 cm und 100 cm hoch.

Strauchrosen wachsen buschig, bis zu anderthalb Meter hoch. Sie können einzeln, in Gruppen und auch als Blütenhecken gepflanzt werden und blühen den ganzen Sommer und Herbst über.

Kletterrosen klettern nicht – sie ranken. Und die Ranken müssen an Spalieren, Hauswänden oder Pergolen festgebunden werden. Es gibt Kletterrosen, die nur einmal, und solche, die mehrmals im Jahr blühen. Manche werden zwei Meter hoch, manche erreichen aber auch die dreifache Höhe.

Bei den Park-, Moos- und Wildrosen findet man die meisten alten Rosen. Rosen nämlich, die schon in den Gärten unserer Urgroßeltern standen und jetzt wieder modern sind. Sie blühen ohne alle Probleme, meist mit einfachen Blüten. Allerdings ist ihre Blütezeit kurz. Die ersten Blüten erscheinen nicht vor Juni, Mitte Juli aber sind diese Rosen schon verblüht. Ihre Höhe: von einem bis zu drei Metern.

Als Zwergrosen bezeichnet man 20–30 cm hohe Miniaturrosen mit

Die Kartoffelrose (Rosa rugosa) ist eine der ganz robusten Rosen. Sie wächst allein als Strauch oder zu mehreren zusammen als Hecke.

kleinen, aber sehr schön geformten Blüten, zierlichen Blättern und dünnen Trieben fast ohne Dornen. Viele von ihnen blühen mehrmals im Jahr.

Hochstammrosen, Rosenbäumchen, sind keine besondere Rosenart, sondern auf Stamm veredelte Teehybriden oder Floribundarosen. Bei 90 cm Stammhöhe spricht man vom Hochstamm, ein 60 cm hoher Stamm ist ein Halbstamm. Werden Kletterrosen auf einen Stamm gepfropft, ist das Ergebnis eine Trauerrose, deren blütenbeladene Zweige nach allen Seiten herunterhängen.

Bodendeckerrosen sind noch recht neu auf dem Markt. Sie wachsen flach und kriechend und breiten ihre langen Triebe weit über den Boden hin aus.

Partner für Rosen

Früher gab es für Rosen eine eigene Abteilung im Garten, das Rosarium. Heute zeigen sie sich von ihrer malerischsten Seite, wenn man sie sinnvoll mit anderen Pflanzen kombiniert. Wobei die Betonung auf sinnvoll liegen sollte. Denn nicht jeder Partner ist für Rosen richtig. Grundsätzlich sollten beim Zusammenpflanzen immer die edlen Rosen dominieren.

Besonders hübsch sehen Rosen aus, wenn sie mit silbrig-weißen Bodendeckern kombiniert werden. Dazu eignen sich z.B. Hornkraut, Ehrenpreis, aber auch Steinkraut. Ein solcher Teppich zwischen den Rosen hat außerdem praktischen Wert: Sie ersparen sich so das Unkrautjäten. Auch duftiges Schleierkraut, weiße und blaue Glockenblumen, gelbblühende Fetthenne und weißer Phlox kommen im Rosenbeet gut zur Geltung. Besonders elegant sehen Rosen zusammen mit Gräsern aus. Nicht mit allzu vielen, sondern mit wenigen, die das i-Tüpfelchen bilden.

Die richtige Nachbarschaft aber dient nicht nur der Schönheit der Rosen – sie läßt sie auch besser wachsen und gedeihen. Echter Lavendel zum Beispiel schreckt, zwischen Rosen gepflanzt, die Blattläuse ab. Den gleichen Effekt haben Thymian und Rote Margeriten (Pyrethrum). Tagetes (= Studentenblumen) als Unterpflanzung schützen vor Wurzelälchen, die Hauptverursacher der sogenannten Bodenmüdigkeit sein sollen. Auf dem Balkan setzen die Bauern Knoblauch zwischen Rosen. Das soll ihre Blütenmenge steigern und für intensiveren Rosenduft sorgen. Probieren Sie es einmal aus.

Einkaufstips

Wenn Sie noch gar keine Rosenerfahrung haben, sollten Sie sich nicht nur die Fotos in Katalogen anschauen, sondern sich auch bei Freunden, in Parks und botanischen Gärten darüber informieren, was für Rosensorten es gibt. Am auf-

Trauerrose nennt man so ein Bäumchen mit hängenden Zweigen, bei dem eine Kletterrose auf einen Stamm veredelt wurde.

schlußreichsten ist eine solche Besichtigung nach einigen Regentagen. Dann sehen Sie gleich, wie die Rosen auf schlechtes Wetter reagieren.

Die größte Rosenauswahl haben Sie natürlich in einer Rosenschule. Aber auch jedes Garten-Center besitzt ein großes Sortiment bewährter Sorten – und fachkundige Beratung. Auch viele Bau- und Supermärkte richten im Frühjahr und Herbst für ein paar Wochen Gartenabteilungen ein. Dort ist das Angebot zwar klein, auch fehlt die Beratung; aber bei den angebotenen Rosen handelt es sich fast immer um erprobte Sorten, im Frischhaltebeutel verpackt, mit Foto, Namensschild und Pflanzanleitung.

Wer Rosen nach Katalog kauft, sollte sich die Beschreibung gut durchlesen. Ein guter Händler erwähnt nicht nur ihre Vorteile (wetterfest oder reichblühend), sondern auch Nachteile (etwa: mehltauanfällig). Wenn Sie sich dann trotzdem für eine empfindliche Sorte entscheiden, wissen Sie wenigstens, worauf Sie achten müssen.

Beim Rosenkauf unterscheidet man zwei Güteklassen. Rosen mit A-Qualität müssen mindestens drei, solche mit B-Qualität zwei starke Triebe haben. Kaufen Sie unverpackte Rosen, dann achten Sie darauf, daß die Triebe frisch und glatt aussehen, daß sie nicht angetrocknet, angefault oder gar schimmelig sind und daß die Pflanzen kräftige Wurzeln mit vielen kleinen Fasern haben.

Wichtig: Handschuhe und Rosenschere

Zum Pflanzen und Pflegen der Rosen brauchen Sie zunächst einmal die üblichen Gartengeräte wie Spaten, Harke, Hacke zur Bodenlockerung und eine große Gießkanne, außerdem aber noch ein paar Extras.

Auf jeden Fall sollten Sie Handschuhe kaufen, und zwar aus Leder mit längerer Manschette. Stoffhandschuhe werden nämlich leicht feucht, und Gummihandschuhe reißen schnell. Mit bloßen Händen aber brauchen Sie für den vorsichtigen Umgang mit den Stacheln die dreifache Zeit fürs Schneiden.

Dann benötigen Sie natürlich eine Schere, und zwar eine, die einen Sicherheitsverschluß besitzt, der sich mit einem Finger bedienen läßt. Es gibt ein- und zweischneidige Scheren; die einschneidigen halten oft länger, die zweischneidigen schneiden leichter. Plastiküberzogene Griffe sind im Winter wärmer als Metallgriffe. Eine sogenannte Präsentierschere, die abgeschnittene Blüten festhält, ist zwar ganz praktisch, aber nicht unbedingt notwendig.

Ein Okuliermesser brauchen eigentlich nur fortgeschrittene Gärtner, die Rosen nicht nur pflegen, sondern sich auch an die hohe Kunst des Vermehrens machen wollen. Bleibt schließlich noch die Pflanzenschutzspritze zur Schädlingsbekämpfung, auf die ein Rosengärtner kaum verzichten kann. Wenn Sie mehr als drei

Rosenstöcke haben, sollten Sie sich für eine größere Spritze zum Umhängen entschließen und darauf achten, daß sie auch in Schrägstellung leergepumpt werden kann.

Zeit zum Pflanzen

Rosen kann man von Oktober bis Anfang Dezember pflanzen, solange der Boden noch nicht gefroren ist, und von Anfang März bis Anfang Mai. Ideal dafür ist der Frühherbst. Dann ist der Boden noch relativ warm, die Pflanzen bilden vor Beginn des Winters noch neue Wurzeln, sie überstehen den Winter dadurch recht gut und treiben im Frühjahr schon kräftig. Werden sie allerdings zu spät gepflanzt, können Rosen in strengen Wintern leicht erfrieren.

Im Frühjahr beginnt die Pflanzzeit, wenn der Boden frostfrei ist, und endet, wenn die Rosen anfangen zu treiben. Rosen in Containern, in Plastiktöpfen gezogen, können das ganze Jahr über, sogar noch kurz vor der Blüte, gepflanzt werden. Containerpflanzen sind aber immer teurer als andere, so daß sie sich wirklich nur für denjenigen lohnen, der von heute auf morgen einen blühenden Rosengarten besitzen möchte.

Können Sie Rosen nicht gleich nach dem Kauf einpflanzen, vielleicht weil die Erde noch gefroren oder vom Dauerregen sehr naß ist, können sie ein paar Tage in der Verpackung in einem kühlen Raum liegenbleiben. Dauert es aber längere Zeit, bis Sie endlich pflanzen können, müssen Sie die Rosen provisorisch einsetzen, sowie es das Wetter zuläßt: Graben Sie in einer Gartenecke ein Loch, legen Sie die Rosen hinein und füllen Sie etwa 15 cm hoch Erde über die Wurzeln. Der Fachmann nennt das „einschlagen". Bis sie endgültig eingesetzt werden, müssen die Rosen im Einschlag regelmäßig gegossen werden.

Rosenbäumchen werden mit Bast oder einer Gummilasche an eine Stütze an der Windseite festgebunden.

Rosen brauchen Sonne

Rosen wachsen und gedeihen in jedem guten Gartenboden. Aber sie sind Sonnenkinder, ein schattiger Platz ist nichts für sie. Denken Sie deshalb schon bei der Anlage eines Rosenbeetes daran, daß benachbarte Bäume und Sträucher vielleicht noch höher werden und in einigen Jahren das Beet womöglich beschatten.

Nasse Füße mögen Rosen gar nicht. Ist ihr Grundwasserstand sehr hoch, müssen Sie entweder komplizierte Drainagen ziehen (siehe Seite 12), das Rosenbeet auf eine Art Hügel setzen oder aber schweren Herzens auf Rosen verzichten. Kletterrosen schließlich sollten Sie möglichst nicht an Ostwände setzen, weil dort meist ein scharfer Wind weht.

So wird gepflanzt

Wenn Sie mehrere Rosen nebeneinandersetzen, sind die Abstände wichtig: bei Edelrosen 30 bis 40 cm von Pflanze zu Pflanze, bei Stamm- und Strauchrosen 100 cm, Strauchrosen als Hecke 60–80 cm und Kletterrosen 150–200 cm.

Drei bis vier Stunden vor dem Einpflanzen kommen die Rosen noch einmal in einen Eimer mit Wasser, so daß sie sich richtig vollsaugen. In der Zwischenzeit heben Sie die Pflanzlöcher aus: etwa 30 cm breit und tief, bei sehr langen Wurzeln eventuell auch tiefer. Das Pflanzloch einer Kletterrose sollte etwa 30 cm von der Wand entfernt sein. Lockern Sie den Boden des Pflanzloches ein wenig auf.

Eine spezielle Erde ist zwar nicht unbedingt notwendig, sie erleichtert den Rosen aber das Anwachsen. Mischen Sie einen kleinen Teil der ausgehobenen Erde mit gleicher Menge Torf, und geben Sie eine Handvoll Hornmehl oder Spezialrosendünger zu.

Unmittelbar vor dem Pflanzen werden die Wurzeln der Rosen ein wenig gekürzt: An diesen Schnittstellen bilden sich dann schneller neue Saugwurzeln, die zum Wachsen wichtig sind. Bei einer Frühjahrspflanzung werden die Triebe wie üblich zurückgeschnitten (siehe Seite 72), bei einer Herbstpflanzung dagegen werden nur abgeknickte Triebe entfernt.

Schichten Sie in die Mitte des Pflanzloches einen kleinen Hügel, über den Sie die Wurzeln breiten. Die Wurzeln dürfen nicht schief und krumm in den Boden kommen, dann entstehen leicht Wildtriebe. Die Veredlungsstelle – das ist die dicke Stelle, an der die Triebe aus dem Wurzelende kommen – soll etwa 5 cm unter der Erdoberfläche sitzen. Wenn die Erde später nachsackt, bleiben rund 3 cm übrig – und das ist dann genau die richtige Tiefe. Sitzt eine Rose zu hoch, fördert das ebenfalls Wildtriebe. Füllen Sie nun ein paar Handvoll der Erd-Torf-Düngermischung ein, dann folgt normale Erde.

Ist das Pflanzloch zu zwei Dritteln gefüllt, sollten Sie kräftig Wasser hineingießen. Dadurch legt sich die Erde um die Wurzeln, und es entstehen keine Hohlräume. Erst wenn alles Wasser versickert ist, wird das Loch ganz mit Erde gefüllt. Treten Sie den Boden rund um die Rose vorsichtig mit den Füßen an, oder drücken Sie ihn mit den Händen fest. Gießen Sie noch einmal, und häufen Sie anschließend etwa 20 cm hoch

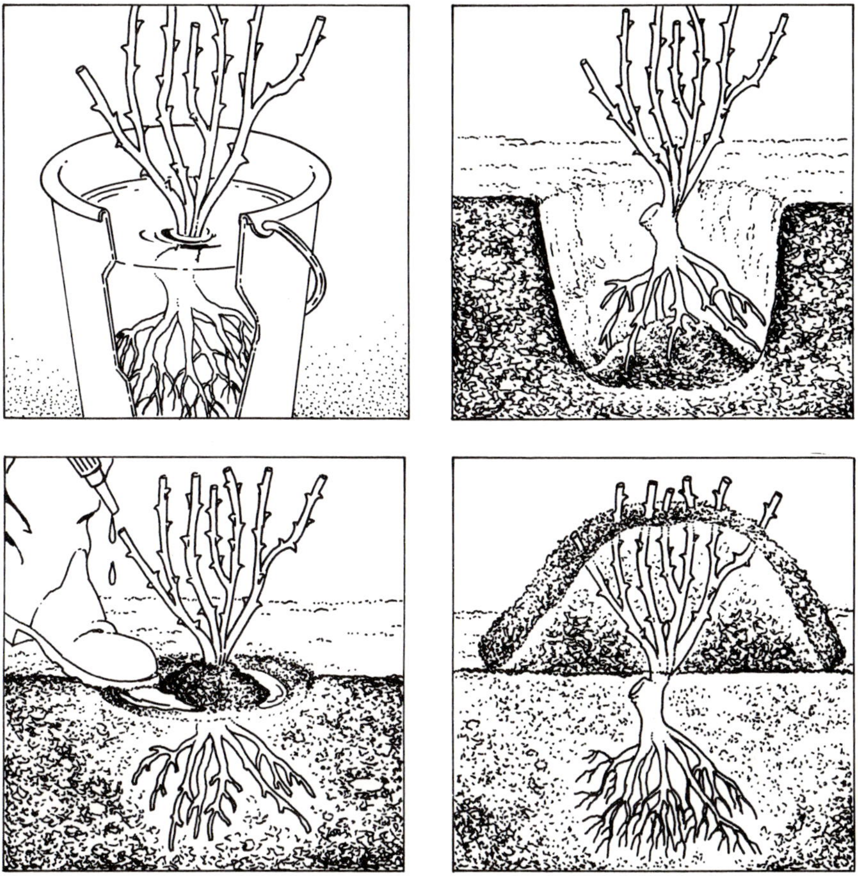

Wichtig beim Pflanzen: Rosen drei bis vier Stunden wässern, dann erst pflanzen (1). Rosen so ins Loch stellen, daß die Veredelungsstelle 5 cm unter der Erdoberfläche sitzt (2). Gründliches Einschlämmen beseitigt Hohlräume zwischen den Wurzeln (3). Zum Schluß einen kleinen Erdhügel um die Rose häufeln (4).

eine Mischung aus Erde und nassem Torf um die Rose. Dieser Hügel schützt die Rose im Winter vor starkem Frost, im Frühjahr vor dem Austrocknen durch Sonne und Wind. Bei Herbstpflanzung wird der Hügel im Frühjahr wieder entfernt, bei Frühjahrspflanzung nach einigen Wochen, wenn rötliche Triebe zeigen, daß die Rose angewachsen ist.

Bei Kletterrosen müssen Sie von Anfang an ein Rankgerüst, zum Beispiel aus kunststoffüberzogenem Draht, mit einplanen. Stammrosen brauchen einen Stützpfahl, der gleich beim Pflanzen mit eingegraben wird.

1

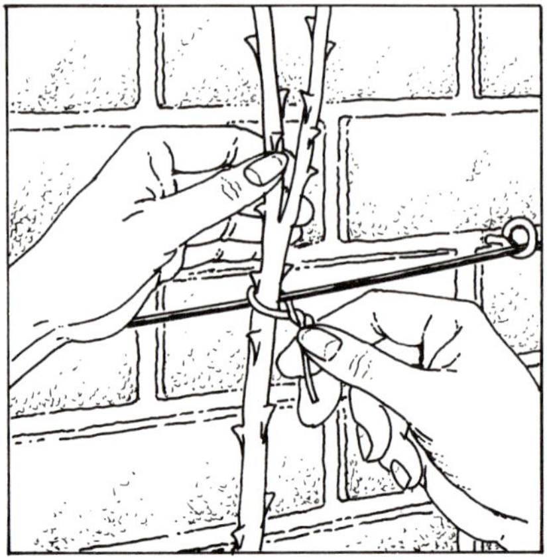
2

Kletterrosen brauchen ein Rankgerüst. Befestigen Sie kunststoffüberzogene Drähte horizontal vor der Wand (1), breiten Sie die stärkeren Triebe fächerförmig aus, und binden Sie jeden einzelnen Trieb an den Drähten fest (2).

Verbinden Sie Stamm und Stütze zuerst nur lose miteinander, damit keine Abschürfungen entstehen, wenn die Rose noch etwas in die Erde sackt. Nach gut einer Woche wird der Stamm mit Bast oder einer Speziallasche richtig festgebunden.

Nicht zuviel schneiden

Nichts ist schwieriger, so hört man oft, als Rosen zu schneiden. Aber nichts ist schlimmer, als – wie es immer wieder passiert – Rosen zweimal im Jahr radikal zurückzuschneiden.

Vor allem im Herbst sollten Sie die Rosen lassen wie sie sind, nur kranke Triebe herausnehmen. Denn Triebe erfrieren im Winter von der Spitze her. Je länger sie noch sind, je mehr sie dem Frost anzubieten haben, desto mehr bleibt im Frühjahr von ihnen übrig. Wer im Herbst tief zurückschneidet, riskiert, daß der ganze Rest erfriert. Vor allem, da der Frost offene Schnittwunden vorfindet, in die er sofort eindringt.

Der richtige Zeitpunkt zum Schneiden kommt im Frühjahr, und zwar dann, wenn die Augen (das sind die Knospen, aus denen sich ein neuer Trieb entwickelt) gerade anfangen zu schwellen. Nehmen Sie immer eine scharfe Schere, und schneiden Sie zunächst alles weg, was kümmerlich ist, d.h. nicht wenigstens Bleistiftdicke hat. Dann kommen die erfrorenen Triebe an die Reihe. Sie werden so weit gekürzt, bis an der Schnittstelle weißes Mark zu sehen ist.

Schließlich folgt der eigentliche Rückschnitt. Und der ist für Anfänger wirklich ein bißchen schwierig, weil er von Rose zu Rose verschieden ist. Bei Edelrosen ist es Geschmackssache. Werden sie stark zurückgeschnitten, auf 12–20 cm Länge, bekommen sie weniger, dafür aber sehr langstielige Blüten. Bleiben die Triebe länger, bilden die Rosen mehr Blüten, jedoch auf kürzeren Stielen. Stammrosen dagegen sollten immer kräftig beschnitten werden, auf 20 cm Länge, damit sie stark austreiben. Strauchrosen sollten Sie hauptsächlich in der Mitte auslichten und nur lange Triebe, die schon überhängen, kürzen. Auch bei Kletterrosen, die an den Trieben des Vorjahres blühen, üben Sie besser Zurückhaltung. Nehmen Sie nur überalterte und zu dichte Triebe heraus. Alles, was gesund aussieht und kräftig wächst, bleibt stehen.

Ganz wichtig sind zwei Punkte beim Schnitt. Einmal sollten Sie immer über einer Knospe schneiden, die nach außen zeigt. Dann wachsen die Triebe von der Pflanze fort und verheddern sich nicht in deren Mitte. Und dann sollte der Schnitt nicht mehr als 5 mm über einem Auge sein und leicht schräg vom Auge abfallen. Schneiden Sie zu hoch, stirbt der Trieb ab; schneiden Sie zu tief, können Sie das Auge beschädigen. Durch einen Schnitt in die falsche Richtung kann sich Feuchtigkeit am

Wildtriebe dürfen Sie nicht einfach abschneiden. Sie müssen ausgegraben und direkt am Ansatz abgeschnitten oder abgerissen werden.

Auge sammeln. Bei manchen Rosen wachsen nach dem Schnitt zwei oder drei Triebe aus einem Auge. Knipsen Sie dann die schwächeren mit dem Daumennagel ab, lassen Sie nur den stärksten wachsen.

Welke Blüten sollten Sie im Laufe des Sommers immer wieder abschneiden, und zwar bis dicht über ein vollentwickeltes (das ist ein fünffiedriges) Blatt. Dann produziert die Rose keine Samen, sondern neue Triebe und Blüten.

Manchmal bilden sich bei Rosen unterhalb der sogenannten Veredelungsstelle Wildtriebe. Sie erkennen sie an ihrem andersartigen Aussehen, der Farbe; oft haben sie außerdem siebenfiedrige Blätter und ungewöhnlich viele Stacheln. Sie müssen

vorher

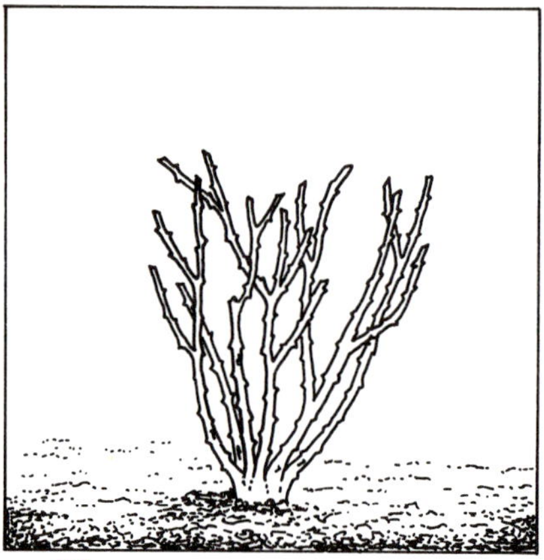

nachher

Bei Strauchrosen werden nur lange Triebe, die schon etwas überhängen, gekürzt und zu dicht stehende Zweige aus der Mitte herausgeschnitten.

sofort entfernt werden, weil sie sonst die Edelrose schwächen. Allerdings darf man sie nicht einfach abschneiden, sondern muß die Rose bis zum Ansatz dieses Triebes ausgraben. Dann wird der Wildtrieb mit einem scharfen Ruck abgerissen.

Düngen, Mulchen, Gießen

Rosen brauchen mehr Nahrung, als sie im Boden vorfinden. Deshalb müssen sie gedüngt werden, und zwar einmal nach dem Frühjahrsschnitt, etwa Ende März (aber nicht bei frischgepflanzten Rosen), und ein zweites Mal im Juni/Juli. Es gibt speziellen Rosendünger zu kaufen, mit dem Sie nichts falsch machen können. Verteilen Sie den Dünger in der auf der Packung angegebenen Menge (meist 1,5 Eßlöffel pro Pflanze) um den Rosenstock, und hacken Sie ihn locker in die Erde. Wenn es nicht gerade regnet, müssen Sie anschließend gießen.

Im April, wenn die Erde wärmer wird, können Sie Ihr Rosenbeet mulchen, das heißt, eine Schicht organischen Materials darauf verteilen. So eine Mulchschicht hat drei Aufgaben: Sie hält die Feuchtigkeit länger im Boden, sie unterdrückt Unkraut, und sie wirkt wie Dünger, wenn sie zerfällt. Stallmist als Mulchmaterial ist ideal, da er genau die Nährstoffe enthält, die Rosen brauchen. Häufiger, da leichter zur Hand, wird mit verrottetem Gartenkompost, mit Torf oder mit Grasschnitt gemulcht. Die Schicht sollte etwa 3–5 cm dick sein und auf feuchtem Boden verteilt werden. Nur eine Grasschicht sollte dünner sein, da Gras leicht zu einer undurchdringlichen Schicht verfilzt.

Eine Mulchschicht aus Mist, Kompost, Torf oder Gras, die zwischen den Rosen verteilt wird, hält die Feuchtigkeit im Boden und erspart Ihnen das Unkrautjäten.

Wenn Ihnen so eine Mulchschicht nicht gefällt, Sie lieber den Boden sehen wollen, dann muß regelmäßig Unkraut gejätet werden.

Ob und wie oft Sie Ihre Rosen gießen müssen, hängt vom Wetter und vom Boden ab. Gemulchter Boden braucht selten zusätzliches Wasser. Und zwei, drei Sommerwochen ohne Regen überstehen Rosen im normalen Gartenboden auch. Denn ihre langen Wurzeln finden meist noch Wasser, wenn die Erdoberfläche schon trocken ist. Regnet es allerdings lange nicht, müssen Sie gießen, aber gründlich. Am besten geht das mit einem Berieselungsschlauch. Das ist ein perforierter Schlauch, der im Beet ausgelegt wird und das Wasser in die Erde sickern läßt. Wenn Sie mit der Kanne gießen, dann möglichst nur in den Wurzelbereich, nie über die Blüten. Und gießen Sie am frühen Morgen, damit nasse Blätter tagsüber trocknen können.

Machen Sie die Rosen winterfest

Im Herbst machen Rosenbeete wieder mehr Arbeit. Abgefallenes Laub muß zusammengeharkt werden, sollte aber nicht auf den Kompost kommen, weil es Krankheitskeime enthalten kann. Dann müssen Sie den Boden etwas hacken, um die Reste der Frühjahrsmulchschicht einzuarbeiten.

Anfang November, wenn der erste Frost zu erwarten ist, geht es mit den Wintervorbereitungen los. Alle Rosen werden etwa 10 cm hoch in Erde gepackt. Kratzen Sie die Erde aber nicht zwischen den Rosen fort, dann erfrieren sie um so schneller. Haben Sie nicht genug zusätzliche Erde, decken Sie lieber mit Kompost ab. Torf ist nicht so ideal, weil er jede Feuchtigkeit aufsaugt.

Stammrosen werden, solange sie noch jung und elastisch sind, umgelegt. Biegen Sie den Stamm vorsichtig zur Erde, halten Sie ihn mit einer Astgabel am Boden fest, und bedecken Sie die Krone bis zur Veredelungsstelle mit Erde. Ältere Stammrosen, auch Kletter- und Strauchrosen, werden in Tannenzweige eingebunden.

Im späten Dezember folgt der zweite Teil der Winterarbeiten: Die angehäufelten Rosenstöcke erhalten eine zusätzliche Schicht Tannenzweige. Das ist allerdings kein Schutz mehr vor zuviel Frost, sondern vor zu früher Wärme. Denn wenn im späten Winter die Sonne schon kräftig scheint, könnten die ersten Knospen zu früh aufbrechen; sie würden dann in der Abendkälte erfrieren.

Sind etwa ab Mitte März keine harten Frostnächte mehr zu erwarten, werden zuerst die Tannenzweige abgenommen, dann alle Rosen abgehäufelt. Ziehen Sie die Erde mit den Händen auseinander, und harken Sie sie vorsichtig glatt. Dann beginnt das Rosenjahr mit dem Rückschnitt.

1

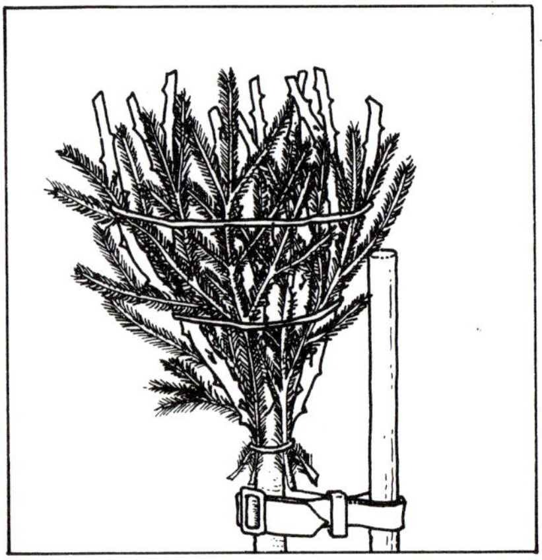

2

Stammrosen werden im Winter umgelegt und mit Erde bedeckt (1) oder, wenn sie nicht mehr elastisch sind, in Tannenzweige verpackt (2).

Krankheiten und Schädlinge

Immer wieder hört man, daß Rosen Krankheiten und Schädlinge geradezu anziehen. In vielen Fällen aber sind falsche Pflege oder ein falscher Standort schuld daran. Hier noch einmal die wichtigsten Punkte: Rosen brauchen Sonne, sie mögen keinen nassen Boden und dürfen nicht zu eng gepflanzt werden. Auch Düngen hilft Rosen dabei, kräftig und widerstandsfähig zu werden.

Dann gibt es noch einige Regeln, die Sie sich merken sollten:

– Stellen Sie nie den Rasensprenger vor das Rosenbeet. Dadurch verderben die Blüten, und auf den nassen Blättern können sich Pilze ansiedeln.

– Gießen Sie nie in den heißen Mittagsstunden. Wassertropfen auf den Blättern wirken wie ein Brennglas. Die Folge sind Verbrennungsschäden.

– Gießen Sie Rosen nie von oben, sondern immer im Wurzelbereich. Abgestandenes Wasser ist pflanzenfreundlicher als kaltes Leitungswasser.

Treten trotzdem Krankheiten oder Schädlinge auf – und ganz können Sie das bei Rosen nie vermeiden –, müssen Sie etwas tun.

Nun hat die Chemie gegen jedes Wehwehchen ein Gegenmittel entwickelt. Und rät, gar nicht erst zu warten, bis der Schädling da ist, sondern gleich vorbeugend zu spritzen, vom ersten Austrieb im April den ganzen Sommer über in zweiwöchigem Abstand bis Ende August. Und dann noch einmal im November, damit kein Tier überwintert. Wenn Sie sich dieser Methode bedienen wollen, finden Sie im Fachhandel ein reichhaltiges Angebot gegen alle Wechselfälle im Rosenbeet. Nehmen Sie am besten ein Kombinationsmittel, das gleichzeitig gegen Pilze und Schädlinge hilft. Und halten Sie sich beim Spritzen streng an die Packungsanweisung. Die ganze Spritzerei mit chemischen Mitteln hat nur einen Haken: Manche dieser Mittel schaden nur dem Feind; manche aber vernichten zusammen mit den Schädlingen auch nützliche Insekten und wertvolle Bodenbakterien.

Immer mehr Leute gehen deshalb zur natürlicher Schädlingsbekämpfung über (siehe auch Seite 163) – und sie bekämpfen ganz gezielt die einzelnen Krankheiten.

Mehltau zum Beispiel ist die häufigste Rosenkrankheit: ein grauer Puderbelag auf Blättern, Trieben und Knospen. Er tritt besonders häufig in feuchten Sommern auf, und vor allem dort, wo Rosen zu dicht zusammenstehen oder zu wenig Sonne bekommen. Ist er einmal da, hilft am besten ein kräftiger Rückschnitt und mehrmaliges Spritzen mit einem Schwefelpräparat oder einer Seife-Spiritus-Lösung.

Sternrußtau taucht mitten im Sommer als schwarze Flecken an älteren Blättern auf. Zuerst fallen nur die Blätter ab, später kann die ganze Rose eingehen. Er läßt sich schwer bekämpfen. Sammeln Sie kranke Blätter ein, und verbrennen Sie sie;

Besonders große Blüten bekommen Rosen, wenn Sie nur die oberste Knospe wachsen lassen und die anderen mit Daumen und Zeigefinger abknipsen.

spritzen Sie vorbeugend mit Schachtelhalmbrühe (siehe Seite 165), streuen Sie Holzasche zwischen die Rosen, dann ist die Ansteckungsgefahr nicht mehr so groß.

Blattläuse saugen den Pflanzensaft aus und hinterlassen eine klebrige Ausscheidung, auf der sich Schimmel ansiedelt. Glücklicherweise gibt es viele natürliche Spritzmittel: Schmierseifenbrühe, Brennesseljauche, Rhabarbertee (siehe Seite 165). Wenn Sie Lavendel zwischen die Rosen setzen, ergreifen die Läuse von allein die Flucht. Raupen sammelt man am besten mit der Hand ab. Auch bei Blattwespen lohnt es sich, eingerollte Blätter auseinanderzurollen und die darin versteckten Larven abzunehmen. Schaumzikaden, die sich in einem weißen Gespinst in den Ansatzstellen der Seitentriebe verstecken, können mit einem Eimer Wasser weggeschwemmt werden.

Schließlich gibt es noch die sogenannte Rosenmüdigkeit, die sich, ohne erkennbare Schädlinge, durch schwache Triebe, kleine Blätter, wenige Blüten äußert. Ihre Ursache sind winzige Fadenwürmer, Älchen oder Nematoden genannt. Dagegen hilft eine dichte Bodenbepflanzung aus Studentenblumen, die vom Frühling bis zum Herbst alle freien Stellen bedeckt. Nutzt das aber auch nichts mehr, müssen Sie die Rosen an einen anderen Platz pflanzen.

Pflanz- und Pflegetermine

Je nach Gegend und Witterung können sich die regelmäßigen Rosen-Termine verschieben. In der Tabelle finden Sie den frühesten Beginn für jede Arbeit und das späteste Ende.

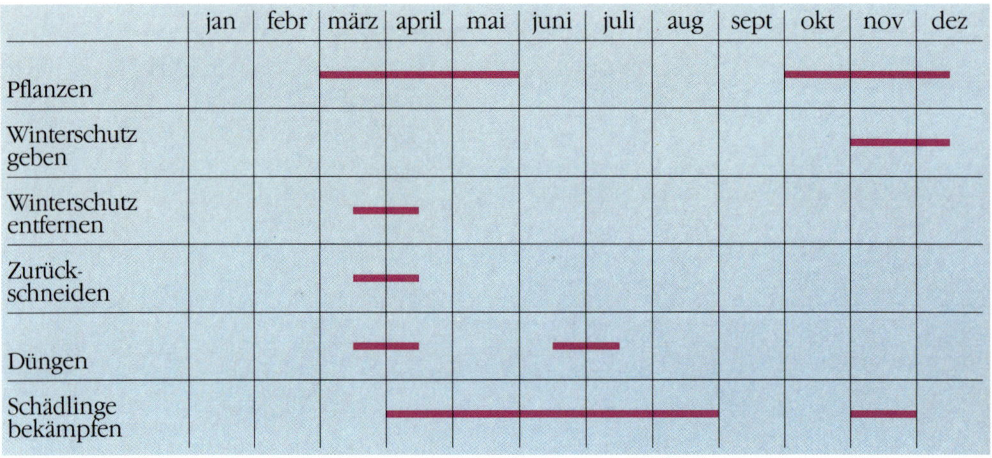

Pflegeleichte Rosen

Wenn Sie Rosensorten suchen, die wenig Mühe machen, sollten Sie in Katalogen auf Worte wie gesund, robust, wüchsig, mehltaufrei und regenfest achten.

Empfehlenswert sind auch Rosen mit der Bezeichnung ADR. Sie haben die Tests der „Alldeutsche Rosenneuheitenprüfung“ mit Erfolg bestanden. Aber: Nur neue Sorten werden geprüft; für ältere gibt es diese Kennzeichnung nicht.

Farbe	Edelrosen	Beetrosen	Strauchrosen	Kletterrosen
lila	Black Lady Mainzer Fastnacht, ADR			
rosa	Folklore Capistrano Kordes Perfecta Superior	Komfort Rosali	Ilse Haberland	Paradieso New Dawn
dunkelrot	Herz As Erotika, ADR	Marlena, ADR Gruß an Bayern, ADR Olala, ADR	Dirigent, ADR	Grandhotel Paul's Scarlet Climber
hellrot	Herzog von Windsor, ADR	Meteor	Bischofsstadt Paderborn, ADR	Gruß an Heidelberg, ADR
orangerot	Ave Maria Lolita Königin der Rosen, ADR	Molde, ADR Neues Europa, ADR		Kassel
gelb	Gloria Dei Anneliese Rothenberger	Goldtopas Gelbe Holstein, ADR	Westerland, ADR	Goldstern
weiß		Edelweiß, ADR	Schneewittchen, ADR	Ilse Krohn Superior

6.

KLETTER-PFLANZEN

Riesige Blütentrauben bekommt die Glyzine (Wisteria sinensis) in jedem Jahr. Dahinter: eine Waldrebe (Clematis montana 'Rubens').

Pflanzen, die Wände hochgehen, bringen Leben in den Garten. Sie verschönern kahle Mauern, verwandeln einen Drahtrahmen in einen blühenden und duftenden Sichtschutz, spenden Schatten an einer Pergola, geben Häusern im Sommer einen Wärme- und im Winter einen Kälteschutz, verbessern das Kleinklima und sogar die Luft in unseren Städten.

Grundsätzlich unterscheidet man bei den Kletterpflanzen drei Gruppen:
– solche, die sich, wie der Efeu, mit Haftwurzeln oder, wie der Wilde Wein, mit Haftscheiben an jeder Wand festhalten. Sie brauchen keine Hilfe beim Klettern.
– solche, die sich, wie das Geißblatt, mit schlingenden Trieben oder, wie die Clematis, mit drehenden Blattstielen festhalten. An einer glatten Mauer können sie nicht hochklettern: Sie brauchen ein Gerüst, um das sie sich schlingen können. Daran aber halten sie sich von allein fest.
– solche, die zwar hochwachsen, wie die Kletterbrombeere oder die Kletterrose, sich aber von allein nicht halten können. Sie müssen an ein Spalier gebunden werden.

Es gibt Kletterpflanzen, die mit unglaublicher Geschwindigkeit wachsen. Der Knöterich etwa kann in einem Sommer vier Meter hoch werden, auch der wilde Wein bedeckt nach dieser Zeit schon ein paar Quadratmeter. Andere dagegen, wie Efeu oder Kletterhortensie, wollen in den ersten Jahren gar nicht so richtig in die Höhe gehen.

Für die Auswahl ist auch wichtig, ob die Pflanzen im Herbst die Blätter abwerfen (das tun die meisten Kletterpflanzen), ob sie immergrün sind (Efeu und Immergrünes Geißblatt), ob sie blühen sollen. Zu guter Letzt unterscheidet man noch zwischen den Ein- und Mehrjährigen. Einjährige sind zum Beispiel ideal, wenn man einen Zaun oder eine Mauer erneuern, sie aber so lange verstecken will, wenn man, als Sichtschutz im Sommer, Rankpflanzen für den Balkon sucht oder wenn ein Garten noch recht neu ist und Bäume und Sträucher klein sind. Mehrjährige sind ideale Dauer-Hausbegrüner, erfüllen sonst natürlich die gleichen Aufgaben.

Hier ist eine kleine Auswahl der schönsten Kletter- und Schlingpflanzen:

Duftwicke (Lathyrus odoratus): fällt durch ihre vielen Farben und den schönen Duft auf. Nicht ganz problemlos: braucht viel Sonne, durchlässigen Boden, Rankhilfen, muß regelmäßig geschnitten werden. Einjährige Pflanze.

Efeu (Hedera helix): robust und immergrün, wächst sogar im Schatten, wird bis zu 20 m hoch, hält sich von selbst fest.

Glockenrebe (Cobaea scandens): bekommt von Juli bis Oktober große blauviolette Blüten. Sie

Es gibt Kletterpflanzen, die sich von selbst an Mauern festhalten wie der Efeu (a), die sich um Latten oder Stäbe schlingen wie das Geißblatt (b), die an ein Gerüst gebunden werden müssen wie die Kletterrose (c).

wächst rasch, braucht aber guten Boden, viel Dünger und senkrechte Stützen. Muß im Zimmer vorgezogen werden (siehe Seite 25).

Glyzine (Wisteria sinensis): eine der prachtvollsten Kletterpflanzen. Im Mai ist sie mit blauvioletten Blütentrauben wie überschüttet. Wird sehr schwer, braucht kräftige Holzgerüste. Ideal für eine Pergola, bei der die Blütentrauben nach unten hängen können.

Kletterhortensie (Hydrangea anomala): wächst sehr langsam, kann aber nach einigen Jahren 10 m hoch werden. Im Sommer große, weiße Blütenstände. Sie klettert mit Haftwurzeln wie der Efeu, sollte aber trotzdem an einigen Stellen angebunden werden, weil sie leicht herunterfällt; bei Trockenheit gießen.

Kletterrose (Rosa): gehört zu den anspruchsvollsten, aber auch zu den schönsten Kletterpflanzen. Braucht viel Sonne, guten Boden, etwas Aufmerksamkeit, muß angebunden werden.

Schlingknöterich (Polygonum aubertii): wächst in jedem Boden ungeheuer rasch, 4–5 m im ersten Jahr. Blüht weiß von Juli bis Oktober. Braucht einen Sonnenplatz und Kletterhilfe.

Waldrebe (Clematis): bekommt auffallend schöne Einzelblüten. Etwas empfindlich, will einen sonnigen „Kopf" und schattige „Füße".

Wilder Wein (Parthenocissus): ist ein ganz robustes Gewächs, wächst sogar in Industriegebieten. Wächst in der Sonne wie im Schatten, auch in schlechten Böden, hält sich von allein. Im Herbst rote Blätter.

Winterjasmin (Jasminum nudiflorum): bekommt von Januar bis März an kahlen Zweigen goldgelbe Blüten. Braucht Spanndrähte und einen geschützten Platz im Süden oder Westen.

Der grüne Pelz fürs Haus

Immer mal wieder wird heftig darüber debattiert, ob Kletterpflanzen, speziell der Efeu, nun Hauswände ruinieren und sogar Mauern zum Einsturz bringen können oder nicht.

Alle Befürchtungen in dieser Richtung sind unbegründet. Kletterpflanzen schaden einem Haus nicht, ganz im Gegenteil: Sie bekommen ihm gut. Und das gleich auf mehrfache Weise: Zunächst einmal helfen sie Energie sparen. Ein dickes, wintergrünes Pflanzenpolster an der Fassade ist eine bessere Wärmedämmung als manche nachträglich angebrachte Isolierung. Denn zwischen Blättern und Hauswand bildet sich ein dickes Luftpolster – eine kostenlose Wärmedämmschicht. Gleichzeitig werden Wind und Regen von der Fassade abgehalten, selbst der Straßenlärm wird gedämpft. Im Sommer wiederum hält eine grüne Wand die Sonne ab.

Aber das alles funktioniert nur, wenn man die richtigen Kletterer an die richtige Fassade pflanzt. An Südwände gehören laubabwerfende Kletterpflanzen wie etwa der Wilde Wein, damit im Winter die Sonne die Wand erwärmen kann. Den immergrünen Efeu sollten Sie an Nord-, Ost- und Westfassaden setzen, wo er die Kälte abhält.

Schaden können Fassadenbegrünungen nur Wänden, die schon brüchig sind. Bei fingerdicken Mauerrissen können schon einmal Triebe in die Fugen eindringen. Auch Wände mit stark verwittertem Putz sollten vor der Begrünung auf jeden Fall ausgebessert werden. Und wenn ein Wandanstrich nicht mehr schön ist, lassen Sie ihn besser vorher erneuern. Später wird's schwierig.

Einkaufstips

Mehrjährige Kletterpflanzen bekommen Sie in jeder Gärtnerei. Wenn man sie früh genug bestellt, gibt es auch bei selteneren Arten keine Probleme. Die Samentütchen einjähriger Pflanzen findet man im Frühjahr sogar im Supermarkt.

Die meisten Kletterpflanzen – wie Efeu, Schlingknöterich, Wein und Geißblatt – sind nicht allzu teuer. Teurer werden Glyzinen und Kletterhortensien; zum einen, weil sie schon eine mehrjährige Vorkultur hinter sich haben, zum anderen, weil Sie von solchen langsamwachsenden Pflanzen immer die größtmöglichen kaufen sollten.

Efeu kann man manchmal sogar umsonst bekommen: wenn Sie Freunde mit einer Efeuwand haben. Dann erbitten Sie sich genügend Stecklinge (etwa 20 cm lang), die in einem Topf mit Sand-Kompost- oder Sand-Torf-Gemisch bald Wurzeln bekommen.

Recht unterschiedliche Preise haben Rankgitter – je nachdem, aus welchem Material sie sind. Hier können Sie auch durch Selbstbau eine Menge Geld sparen.

Die beste Zeit für Kletterpflanzen

Mehrjährige Kletterpflanzen kann man im Frühjahr genausogut pflanzen wie im Herbst. Die richtigen Monate sind der April, kurz vor dem Austrieb, und die Zeit von Oktober bis Mitte November, damit sie bis zum Frost noch einwurzeln. Allerdings gibt es auch bei Kletterpflanzen immer mehr Containerware zu kaufen, die man das ganze Jahr über einsetzen kann. Solche Pflanzen, die in Töpfen herangezogen wurden, sind jedoch teurer als andere.

Die meisten einjährigen Kletterpflanzen sind leider ein bißchen frostempfindlich. Deshalb sollten sie

Dreifachen Nutzen hat man mit Feuerbohnen (Phaseolus) als Kletterpflanze: Sie ranken schnell, bekommen schöne rote Blüten und eßbare Bohnen.

erst ab Mai draußen ausgesät werden. Wenn Sie Zeit gewinnen wollen, können Sie sie wie Sommerblumen mit Vorkultur ab April im Zimmer auf der Fensterbank vorziehen (siehe Seite 25) und die Pflänzchen ab Mitte Mai, nach den Eisheiligen, an ihren Platz nach draußen setzen.

Jede Pflanze an den richtigen Platz

Genauso wie bei allen anderen Pflanzen gibt es auch hier unter den Kletterern solche, die gern in der Sonne, und solche, die lieber im Halbschatten oder Schatten wachsen. Allerdings sind die Bedingungen an einer Hauswand immer extremer als irgendwo im Garten. Südwände zum Beispiel speichern an einem Sonnentag ungeheuer viel Wärme, die sie nachts wieder abgeben. So eine warme Wand ist ideal für mehrjährige Gewächse, die nicht ganz winterhart sind. Für die meisten anderen aber ist eine West- oder Ostseite besser geeignet.

Ein bißchen problematisch ist eine Pflanze wie die Clematis, die aus ihrer Waldheimat daran gewöhnt ist, daß ihre Füße im Schatten stehen, während ihre Spitze zum Licht strebt. Versuchen Sie, diesen Effekt im Garten nachzuahmen: Pflanzen Sie an den Fuß einer Waldrebe Bodendecker, oder setzen Sie einen kleinen Strauch davor.

Die meisten der Kletterpflanzen wachsen in normalem Gartenboden. Allerdings ist der Boden direkt an einer Wand meist ziemlich trocken. Deshalb sollten Sie beim Pflanzen etwa 30 cm Abstand von der Wand halten. Dann wächst und blüht die Pflanze besser.

Übrigens können Sie Kletterpflanzen auch in Pflanzkübeln ziehen (die dann aber so groß wie möglich sein müssen). Allerdings brauchen sie dort sehr viel mehr Pflege, müssen öfter gegossen und gedüngt werden, als wenn sie im Gartenboden wachsen.

So wird gepflanzt

Vor dem Einsetzen sollten alle Pflanzen gewässert werden. Containerpflanzen gießen Sie mit der Kanne, Pflanzen ohne Wurzelballen stellen Sie einige Stunden lang in einen Eimer mit Wasser.

In der Zwischenzeit können Sie die Pflanzlöcher ausheben. Jedes Loch sollte etwa 40 x 40 cm groß und 40 cm tief sein. Abstand von der Hauswand etwa 30 cm, Abstand von Pflanze zu Pflanze etwa 1,5 m. Lockern Sie die Sohle der Pflanzgrube mit der Hacke auf, und mischen Sie unter die ausgehobene Erde gut verrotteten Kompost und pro Pflanze eine Handvoll organischen Dünger.

Dann setzen Sie die Pflanzen vorsichtig in die Pflanzlöcher, und zwar so, daß keine Wurzeln geknickt werden. Bei einer Containerpflanze muß die Oberkante des Wurzelballens genau mit der Erdoberfläche abschließen. Bei Pflanzen ohne Wurzelballen sind meist noch Erdreste am

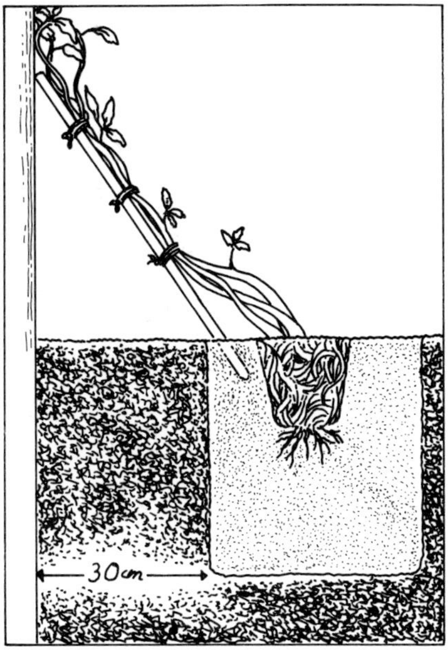

Soll eine Pflanze an einer Hauswand klettern, sollten Sie 30 cm Abstand von der Wand halten, weil der Boden dort recht trocken ist.

Stamm zu sehen, die zeigen, wie tief die Pflanze in der Baumschule in der Erde saß. Genauso tief muß sie bei Ihnen sitzen. Dann füllen Sie Erde hinein und schütteln die Pflanze dabei ein bißchen hin und her, damit zwischen den Wurzeln keine Hohlräume mehr sind. Zum Schluß drükken Sie die Erde mit den Händen gut an, formen einen kleinen Gießrand und gießen gründlich.

Eine Sonderbehandlung braucht die Clematis. Sie verträgt keine nassen Füße. Deshalb müssen Sie den Boden des Pflanzloches etwa 10 cm hoch mit Kies, Zweigstücken oder ähnlich grobem Material als Drainageschicht bedecken. Darüber kommt dann etwas Kompost, darauf wird die Clematis gesetzt.

Zum Schluß werden die Triebe der Kletterpflanzen an die Mauer geführt. Pflanzen, die sich nicht von selbst halten, müssen Sie an das – vorher angebrachte – Gerüst binden. Aber auch die anderen müssen Sie in die gewünschte Richtung lenken: Kleben Sie die einzelnen Triebe einfach mit Heftpflaster dort fest, wo sie hinwachsen sollen. Oder – falls das Pflaster nicht kleben bleibt – schlagen Sie Krampen in die Wand. Aber nur locker – den Trieb nicht einklemmen.

Nach dem Einpflanzen können Sie noch rings um jede Kletterpflanze eine dicke Mulchschicht aus Kompost, Torf oder Grasschnitt verteilen. Sie speichert die Feuchtigkeit im Gartenboden.

Schneiden kann, muß nicht sein

Viele Kletterpflanzen wie zum Beispiel Wilder Wein, Efeu und Geißblatt muß man im Prinzip überhaupt nicht zurückschneiden. Wenn sie aber Fenster und Türen erobern, Ihnen einfach über den Kopf wachsen, dann kann man sie mit einer Schere in die passende Form bringen. Knöterich muß alle paar Jahre radikal gekürzt werden, sonst wird er einfach zu mächtig. Die Faustregel heißt: Immergrüne Kletterer kürzt man im Frühjahr, laubtragende im Winter.

Einige Kletterpflanzen allerdings müssen geschnitten werden, damit sie besser blühen oder weil sie leicht von unten kahl werden. Kletterrosen

Vorm Einpflanzen werden Kletterpflanzen gründlich gewässert (1). Dann heben Sie für jede Pflanze ein Loch aus (2) und lokkern die Sohle mit der Hacke. Die Pflanze so hineinsetzen, daß die Wurzeln nicht geknickt werden (3), dann das Loch mit Erde füllen, mit den Händen gut andrücken (4), einen Gießrand formen und gut angießen. Dann werden die Triebe am Spalier befestigt (5). Eine dicke Mulchschicht am Fuß der Pflanze speichert die Feuchtigkeit (6).

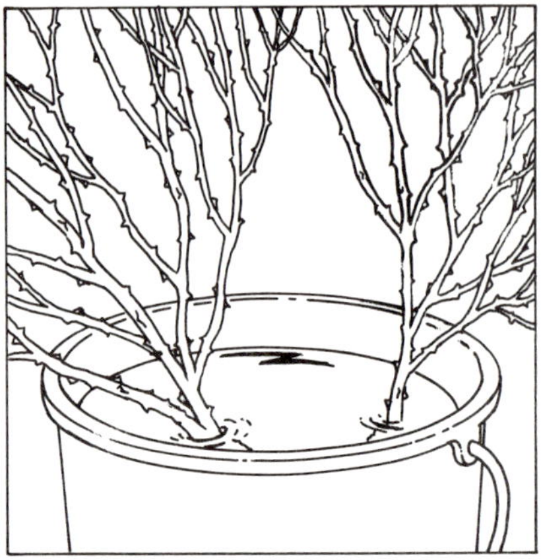
1

2

3

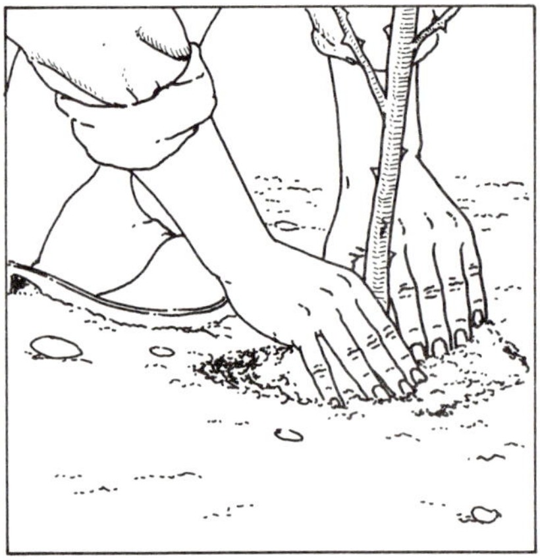
4

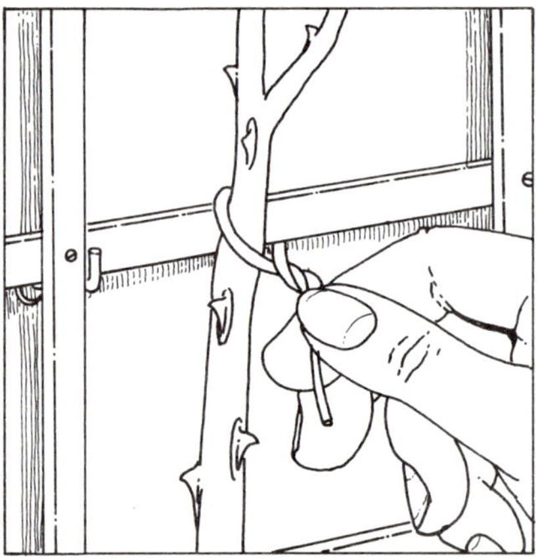
5

6

zum Beispiel werden im Frühjahr zurückgeschnitten. Aber kürzen Sie die Rosen nicht radikal, sondern schneiden Sie nur erfrorene, zu dichte und sehr alte Triebe heraus. Genauso behandelt man Kletterbrombeeren.

Bei der Clematis werden oft Fehler gemacht. Hier muß man beim Schneiden zwischen Frühjahrs- und Sommerblühern unterscheiden. Die ersteren blühen am alten, vorjährigen Holz. Der beste Zeitpunkt, um bei ihnen überflüssige oder alte Zweige herauszunehmen, ist direkt nach der Blüte. Die sommerblühenden Sorten dagegen werden im Spätwinter auf zwei Drittel ihrer Länge zurückgeschnitten.

Eine ausgewachsene Glyzine, die nicht mehr richtig blühen will, kann man mit folgender Methode wieder dazu animieren: Während des Sommers werden alle zwei Wochen alle Neutriebe auf etwa 15 cm zurückgeschnitten – aber nicht die alten Triebe kürzen. Durch dieses Zurückschneiden wachsen mehr Seitentriebe mit mehr Blüten.

Gießen, Düngen, Überwintern

Regelmäßig gießen müssen Sie vor allem in den ersten Wochen nach dem Einpflanzen. Das heißt aber nicht, täglich ein bißchen, sondern lieber einmal in der Woche gründlich, so daß das Wasser tief in den Boden dringen kann. Auch in späteren Jahren, in trockenen Sommern etwa, brauchen vor allem solche Pflanzen Wasser, die der Regenseite abgewandt wachsen.

Düngen brauchen Sie Kletterpflanzen nur in den ersten Jahren. Beim Einpflanzen kommt in jedes Pflanzloch eine Handvoll Dünger – organischer Volldünger oder anorganischer Langzeitdünger. In den ersten Jahren wird von April bis Juni alle vier Wochen Flüssigdünger gegeben. Nach zwei bis drei Jahren haben sich die Wurzeln so weit ausgebreitet, daß sie sich selbst mit genügend Nahrung versorgen können: Sie brauchen dann nicht mehr gedüngt zu werden.

Ein bißchen Schutz in strengen Wintern brauchen vor allem Jungpflanzen: Häufeln Sie am Fuß der Pflanze einen etwa 20 cm hohen Erdhügel auf. Frostempfindliche Pflanzen wie die Kletterrosen werden auch in späteren Jahren auf diese Art geschützt. Übrigens überstehen alle Kletterpflanzen einen strengen

Bei Efeu oder Wein, die sich zu sehr ausbreiten, Ihnen schon ins Fenster wachsen, können Sie mit einer Schere alle störenden Triebe abschneiden.

Winter besser, wenn sie bis zum Herbst genug Wasser bekommen haben. Trockenheit dagegen setzt bei Holzgewächsen – und dazu zählen fast alle mehrjährigen Kletterpflanzen – die Winterhärte herab.

Pflanzen am Spalier

Ein Spalier, ein Klettergerüst, können Sie ohne großen Aufwand selbst machen. Wichtig ist, daß es zur Pflanze paßt. Für viele leichte Kletterpflanzen wie Winde, Wicke, Hopfen reichen schon kunststoffbeschichtete Drähte, die vor der Mauer verspannt werden. Sind die Drähte lang und hängen nach einiger Zeit vielleicht durch, bauen Sie besser Spannschlösser (Eisenwarenhandel) ein, so daß sie immer mal wieder nachgespannt werden können. Stabiler und sehr viel einfacher anzubringen sind Baustahlmatten aus dem Baubedarf. Sie werden mit einem Rostschutzmittel angestrichen und nur an Haken vor die Wand gehängt. Den gleichen Effekt erzielen Sie, wenn Sie Drahtgeflecht für Gartenzäune kaufen und mit Krampen auf einem Holzrahmen befestigen.

Schwere Pflanzen wie die Glyzine brauchen ein festes Holzgerüst. Aber auch das können Sie aus dünnen Dachlatten (20 x 40 mm) relativ einfach und billig selbst machen.

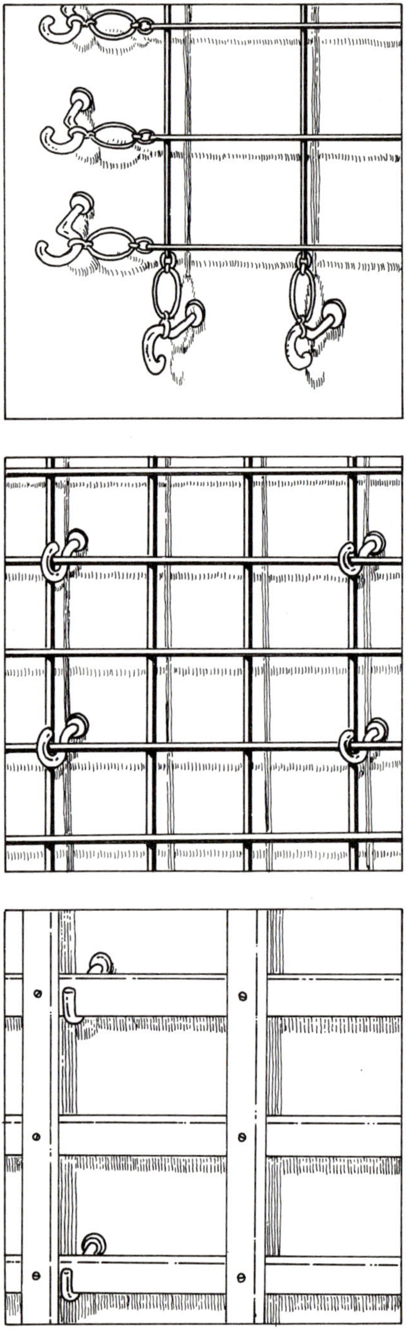

1

2

3

Ein Spalier können Sie selbst bauen: aus Spanndrähten (1), einer Baustahlmatte (2) oder Dachlatten (3). Bei Lattengerüsten müssen die senkrechten Latten immer vorn liegen.

Wilder Wein (Parthenocissus) hält sich von allein an jeder Fassade fest. Im Herbst hat er schöne rote Blätter.

Ganz wichtig ist, daß Sie das Holz vorher imprägnieren. Fragen Sie im Fachhandel nach einem pflanzenunschädlichen Mittel. Wie groß Sie die Lattenfelder machen, bleibt Ihnen überlassen. Üblich sind Feldgrößen von etwa 40 x 40 bis 50 x 70 cm (dabei die senkrechten Latten dichter zusammensetzen). Die waagerechten Stäbe sollen immer an der Wand liegen, die senkrechten außen davor. Der Abstand zwischen Latten und Wand muß rund 5 cm betragen, damit die Pflanzen sich darumschlingen können. Für solche Fälle gibt es spezielle Abstandshalter zu kaufen; Sie können aber auch lange Haken eindübeln und Korken aufstecken. Alle Kletterhilfen werden vorm Einpflanzen an der Wand befestigt, die Pflanzen dann mit Bast, Schnur oder Klemmringen daran gebunden. Wenn sich die selbstschlingenden Pflanzen nach einiger Zeit um Stäbe und Drähte winden, können Sie bei ihnen die Befestigung wieder abnehmen.

Krankheiten und Schädlinge

Einige Kletterpflanzen, wie Pfeifenwinde und Trompetenblume, sind gegen Schädlinge offenbar regelrecht immun. Andere dagegen, wie die Kapuzinerkresse, ziehen zum Beispiel Blattläuse wie magisch an. In leichten Fällen reicht es, Läuse oder auch Raupen mit der Hand immer wieder abzusammeln. Bei einem schwereren Befall müssen Sie meist spritzen. Erkundigen Sie sich nach biologischen Mitteln; es gibt sie auch fertig zu kaufen.

Wenn Pflanzen, die an der Hauswand emporklettern, schon im Sommer gelbe Blätter bekommen, kann das ein Zeichen für Trockenheit oder für Nahrungsmangel sein. Gießen Sie kräftig, und geben Sie eine Portion Flüssigdünger.

Pflanz- und Pflegetermine

Sind die Kletterpflanzen erst einmal angewachsen, brauchen sie relativ wenig Pflege. Hier sind die wichtigsten Termine, auf die Sie achten sollten.

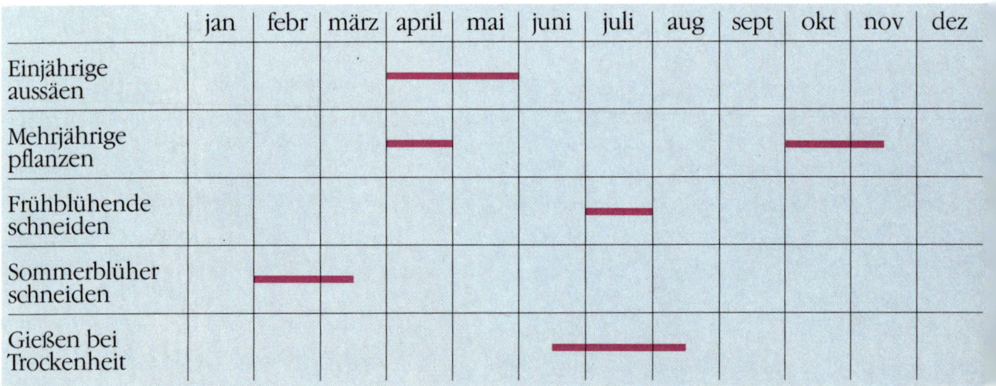

Kletterpflanzen für jeden Zweck

Mit Hilfe der folgenden Tabelle können Sie die richtige Kletterpflanze für den richtigen Zweck und den richtigen Standort heraussuchen. Einjährige müssen Sie jedes Jahr neu aussäen.

Einjährige Kletterpflanzen

Name	Höhe (m)	Standort	Besonderheit
Duftwicke (Lathyrus odoratus)	2	sonnig	viele Blütenfarben
Feuerbohne (Phaseolus coccineus)	3	sonnig	eßbare Früchte (müssen gekocht werden)
Glockenrebe (Cobaea scandens)	3–4	sonnig	mit Vorkultur
Japanhopfen (Humulus scandens)	3–5	sonnig/ halbschattig	anspruchslos
Kapuzinerkresse (Tropaeolum majus)	bis 3	sonnig	blüht bis zum Herbst
Prunkwinde (Ipomoea)	2–3	sonnig	wächst schnell
Zierkürbis (Cucurbita pepo)	bis 4	sonnig	lustige Früchte

Mehrjährige Kletterpflanzen

Name	Höhe (m)	Standort	Besonderheit
Baumwürger (Celastrus)	6–12	sonnig	gelbes Herbstlaub
Efeu (Hedera helix)	bis 20	sonnig-schattig	immergrün
Geißblatt (Lonicera)	2–5	sonnig/ halbschattig	wächst überall
Glyzine (Wisteria sinensis)	bis 10	sonnig	riesige Blütentrauben
Kletterhortensie (Hydrangea petiolaris)	bis 10	sonnig/ halbschattig	wächst langsam
Kletterrose (Rosa)	5	sonnig	empfindlich
Pfeifenwinde (Aristolochia)	5–10	sonnig/ halbschattig	herzförmige Blätter
Schlingknöterich (Polygonum)	bis 20	sonnig	wuchert leicht
Trompetenblume (Campsis radicans)	5–12	sonnig	etwas empfindlich
Waldrebe (Clematis)	4–10	sonnig/ halbschattig	schöne Blüten
Wilder Wein (Parthenocissus)	bis 15	sonnig/ schattig	buntes Herbstlaub
Winterjasmin (Jasminum nudiflorum)	2–5	sonnig	Winterblüte

Ein gutgepflegter, kurzgeschorener Rasen macht zwar im Sommer viel Arbeit, hält dafür aber auch einige Strapazen aus.

7. RASEN

Einen Garten ohne Rasen – das gibt es wohl kaum. Er ist der Ruhepunkt, der bunte Blumen und schöngeformte Sträucher erst richtig zur Geltung bringt. Leider ist er auch der Teil des Gartens, der am meisten Arbeit macht. Wenn er stets kurzgeschoren, frisch, grün und adrett aussehen soll, muß so mancher schöne Sommertag der Rasenpflege gewidmet werden.

Wenn Sie bisher gedacht haben, Rasen sei gleich Rasen, dann schauen Sie sich einmal in einem Garten-Center an, wie viele verschiedene Rasenmischungen es dort gibt. Die Fachleute haben Rasen, je nach Strapazierfähigkeit, in sechs Gruppen eingeteilt.

Der Zierrasen ist das Feinste vom Feinen. Er enthält ganz feinblättrige Gräser von leuchtendgrüner Farbe. Bei intensiver Pflege ist ein Zierrasen das, was man sich unter „grünem Teppich“ vorstellt. Aber: Er ist nur etwas zum Anschauen, etwa im Vorgarten. Häufig betreten dürfen Sie ihn nicht.

Der Gebrauchsrasen ist das, was man normalerweise hinter dem Haus hat: ein Rasen, auf dem man einen Liegestuhl stellt, auf dem Kinder spielen und der Hund herumtollt. Er ist der Rasen, der am wenigsten Pflege braucht.

Einen Spielrasen brauchen Sie dann, wenn Ihr Garten sich öfter in einen Federballplatz oder gelegentlich in ein Fußballfeld verwandelt. Er ist strapazierfähiger als der Gebrauchsrasen, vor allem bei weniger gutem Wetter, braucht dafür aber auch ein bißchen mehr Pflege, wenn er trotz der Strapazen immer gut aussehen soll.

Der Sportrasen kommt beim Hausgarten seltener vor. Er ist für hohe Belastungen selbst im Winter gedacht, wenn die anderen Rasen etwas empfindlicher werden.

Ein Landschaftsrasen wird vor allem an Straßenrändern ausgesät. Er ist sehr widerstandsfähig gegen Trockenheit und braucht kaum Pflege. Im Garten ist er ideal, wenn Sie auf einer schrägen Fläche, einer Böschung, Gras haben wollen.

Der Parkplatzrasen schließlich ist das Richtige für Zufahrten von Garagen, wo er zwischen Rasengittersteinen wachsen soll. Er ist sehr robust bei wenig Pflege.

Grundsätzlich gilt: Je kleiner die Fläche und je größer die Familie, desto robuster sollte der Rasen sein.

Etwas für ganz Eilige, die es praktisch über Nacht grün haben wollen, sind Rollrasen und Rasensoden. Ein Rollrasen wird Ihnen als Matte geliefert und wie ein Läufer auf den nackten Boden gelegt. Rasensoden sind einzelne Rasenstücke, etwa 30 x 60 cm groß, die ähnlich wie Teppichfliesen ausgelegt werden. Die Vorteile solcher Fertigrasen: Sie können schon bald nach dem Auslegen benutzt werden (ein eingesäter Ra-

Im Herbst müssen Sie Rasen und Wiese ziemlich kurz schneiden. Laub und Fallobst dürfen auf keinen Fall liegenbleiben.

sen darf erst nach einem halben Jahr normal beansprucht werden), man kann sie auch im Spätherbst oder Winter auslegen. Ihre Nachteile: Sie sind sehr teuer, oft voller Unkräuter oder unterschiedlich dick, nicht ganz einfach zu verlegen.

Die Entscheidung zwischen Blumenwiese oder Rasen schließlich teilt Hobbygärtner heute oft in zwei Lager. Dabei haben beide Vor- und Nachteile: Eine Blumenwiese ist ein Paradies für Schmetterlinge, Bienen und andere Tiere. Und sie ist eine Augenweide. Aber: Sie braucht Zeit, bis sie sich entwickelt, manchmal mehrere Jahre. Nicht immer sieht sie so gut aus wie auf dem Bild der Samentüte. Für einen kleinen Garten, in dem auch Kinder spielen, ist sie gar nicht geeignet. Denn man darf sie kaum betreten, damit die Gräser und die vielen bunten Blumen nicht umknicken.

Zwei Kompromisse gibt es. Entweder Sie legen einen sogenannten Blumenrasen mit niedrigbleibenden Blumen an – aber auch er ist keine Spielwiese. Oder Sie halten den Rasen kurz und lassen nur ein paar Blumeninseln stehen, die Sie mit dem Mäher umfahren.

Einkaufstips

Rasenmischungen werden oft unter den abenteuerlichsten Phantasienamen angeboten. Mit der Bezeichnung „Berliner Tiergarten Hochfein" kann vielleicht ein Fachmann noch etwas anfangen, der Hobbygärtner aber kaum. Schauen Sie deshalb zuerst, ob die Verpackung eine Bezeichnung trägt wie Zierrasen, Spielrasen, Gebrauchsrasen. Dann sagen Sie dem Verkäufer, ob Ihre Rasenfläche von der Sonne beschienen wird oder im Halbschatten liegt, ob der Boden leicht oder schwer ist. Für alle gibt es spezielle Mischungen.

Rasensaat besteht immer aus verschiedenen Gräsern, die miteinander vermischt werden. Achten Sie darauf, ob auf der Verpackung die einzelnen Sorten angegeben sind. Je höher der Anteil von Festuca rubra (Rotschwingel), Agrostis (Straußgras) und Poa pratensis (Wiesenrispe) ist, desto besser ist die Qualität.

Bevor Sie einkaufen, müssen Sie zuerst die Rasenfläche ausrechnen. Für einen dichten Rasen sind im Durchschnitt 40 g Rasensamen pro Quadratmeter nötig. Allerdings gibt es von Saatgut zu Saatgut erhebliche Unterschiede. Bei einem erstklassigen – teureren – Rasen reichen vielleicht schon 15–20 g/qm. Bei einer billigen Mischung brauchen Sie vielleicht 70 g/qm. Sie sollten aber besser immer etwas mehr Saatgut kaufen, als Sie berechnet haben. Ganz billige Saatmischungen bilden übrigens oft schon kurze Zeit nach der Aussaat einen richtig schönen, grünen, dichten Teppich. Allerdings kann man sich über diesen Erfolg meist nicht lange freuen. Denn verantwortlich für das schnelle Wachstum ist ein hoher Anteil von Lolium perenne (Weidelgras) in der Mischung. So eine Grasfläche wird aber nicht auf Dauer dicht, sondern im Gegenteil von Tag zu Tag lückenhafter. Seien Sie deshalb vor-

Margeriten (Chrysanthemum leucathemum) und Wiesensalbei (Salvia pratensis), beides als Samen zu kaufen, verwandeln den Rasen in eine Blumenwiese.

sichtig mit Mischungen, deren Lolium-Anteil höher als 20 % ist.

Für Blumenwiesen gibt es fertige Mischungen mit Gräsern, Wildblumen und Kräutern zu kaufen, aber auch Einzelpakete, die Sie selbst mischen können. Für zehn Quadratmeter Wiese müssen Sie etwa 100 g Grassamen und 5 g Wildblumen rechnen. Ausgesät wird sehr sparsam. Auf keinen Fall dürfen Sie die Blumen mit normalem Grassamen mischen. Für Wiesen gibt es besonders niedrige Sorten, die den Blumen genug Luft zum Wachsen lassen. Der Samen für eine Blumenwiese ist etwa doppelt so teuer wie normaler Rasensamen.

Auch für Blumenrasen gibt es fertige Mischungen zu kaufen. Sie enthalten neben den Gräsern Samen von niedrigbleibenden Blumen wie Veilchen, Gänseblümchen, Kissenprimeln, die einen Schnitt mit dem Rasenmäher überstehen.

Wenn Sie Rasensoden oder Rollrasen kaufen, sollten Sie diesen erst zum Verlegezeitpunkt anliefern lassen. Liegt er einige Tage gerollt oder gestapelt in Ihrem Garten, wächst er sehr viel schlechter an.

Ein Rasen braucht Geräte

Ein Rasen im Garten ist nicht billig. Er kostet teures Saatgut, teure Zeit und teure Geräte. An erster Stelle steht dabei der Rasenmäher. Für kleinere Flächen (bis etwa 100 qm) reicht ein preiswerter Handmäher völlig aus. Solche Mäher sind fast immer sogenannte Spindelmäher, die das Gras wie mit einer Schere sehr sauber abschneiden. Ist der Rasen allerdings einmal sehr hoch geworden, kommen Sie auch mit großer Anstrengung mit einem Handmäher kaum mehr durch.

Für größere Flächen ist ein Motormäher bequemer. Ob Sie einen Elektromäher oder ein Gerät mit Benzinmotor nehmen, ist Geschmackssache. Leise sind sie heute beide; die Gefahr, daß man beim Elektromäher ein Kabel durchschneidet, ist wirklich gering. Benzinmäher gibt es auch mit Elektrostart. Die Schnittbreite sollte etwa 40 cm betragen.

Fast alle Motormäher arbeiten als Sichelmäher: Ein waagerecht rotierender Messerbalken hackt das Gras, auch wenn es höher ist, meist recht sauber ab. Ein bißchen Vorsicht ist allerdings geboten: Manchmal wird von den Messern schon einmal ein Stein durch die Gegend geschleudert; beim Abschalten laufen sie noch einige Sekunden nach, deshalb müssen Sie immer die Sicherheitsvorschriften beachten.

Für die Feinarbeit, für das Abschneiden der Kanten, brauchen Sie eine Rasenschere. Für den Handbetrieb ist eine mit verstellbaren Scherenblättern am praktischsten. Natürlich gibt es auch für diese Arbeit Elektrogeräte, sogar sogenannte Rasentrimmer mit Stiel, die Ihnen das Bücken abnehmen.

Wenn Ihr Rasenmäher keinen Grasfangkorb hat, brauchen Sie dringend einen Rasenrechen. Der eine schwört dabei auf Kunststoff, der andere nimmt lieber einen Stahl-Fächerbesen. Probieren Sie einmal bei Freunden aus, womit Sie besser zurechtkommen.

Das nächste Gerät, das Sie für den Rasen brauchen, ist ein Regner. Für den Anfang reichen einfache Rasensprenger, die mit einem Schlauch an die Wasserleitung angeschlossen und je nach Größe des Gartens öfter umgestellt werden. Später wollen Sie vielleicht auf raffinierte, im Rasen verlegte Schläuche mit eingebauten Versenkregnern, auf Sprühschläuche und andere Systeme übergehen.

Nur einmal im Jahr brauchen Sie einen Vertikutierer, um Ihren Rasen zu belüften. Handgeräte sind preiswert, aber es ist ungeheuer mühsam, mit ihnen zu arbeiten. Überlegen Sie, ob Sie mit Nachbarn zusammen ein Elektrogerät anschaffen, ob Sie eines leihen oder ob Sie fürs Vertikutieren gleich einen Fachmann holen.

Sind Sie Besitzer einer Blumenwiese, können Sie sich all diese Geräte sparen. Dann brauchen Sie nur eine Sense – und jemanden, der Ihnen beibringt, wie man damit umgeht.

Aussäen: Wann und wo

Einen Rasen können Sie im Frühjahr aussäen, von Mitte April bis Mitte Mai, oder im späten Sommer, zwischen Ende August und Mitte September. In etwas kühleren Regionen ist Ende August ideal, in wärmeren der September. Wenn Sie im Frühling säen, müssen Sie öfter den Sprenger anstellen, weil der Boden dann rascher austrocknet. Säen Sie im Spätsommer, keimt und wächst das Gras rascher, weil der Boden zwar noch warm ist, aber weniger trocken.

Legen Sie einen Garten neu an, dann ist der Rasen ganz zum Schluß an der Reihe, wenn die Terrasse gepflastert, Bäume, Sträucher und Blumen gepflanzt sind.

Suchen Sie sich zum Säen immer einen windstillen, etwas trüben Tag aus.

Was Sie sich leider selten aussuchen können, ist der Platz für den Rasen. Mit einem normalen Gartenboden gibt es kaum Probleme. Ein Sandboden allerdings muß vorher mit Torf verbessert werden. Schwerer Boden wird ebenfalls durch Torf lockerer.

Ganz schlimm für einen Rasen ist ein Baustellenboden. Da müssen Sie zunächst einmal Steine, Holzreste, große Unkräuter aufsammeln. Dann wird mindestens zwei Spaten tief umgegraben. Und schließlich erst einmal eine sogenannte Gründüngung ausgesät. Das sind Pflanzen wie Lupinen, Senf und andere, die den Boden mit ihren tiefgreifenden Wurzeln lockern und für Stickstoff sorgen. Solchen Gründünger können Sie als Saatgut überall kaufen. Im Herbst werden die Pflanzen abgeschnitten, bleiben als Mulchdecke bis zum Frühjahr liegen. Dann, nach dem Abräumen, wird auf diese Fläche Rasensamen gesät.

Wollen Sie allerdings eine Blumenwiese anlegen, ist Gründüngung genau verkehrt. Denn Wildblumen gedeihen nur auf magerem, ungedüngtem Boden. In diesem Fall pflanzen Sie besser einmal Kartoffeln, die Nährstoffe aus dem Boden ziehen.

Sowohl Blumenwiese als auch Rasen gedeihen am besten in der Sonne. Zwar gibt es auch sogenannten Schattenrasen zu kaufen, optimal aber wird er nie.

Das richtige Aussäen

Einen richtig schönen Rasen anzulegen, erfordert Arbeit und viel Zeit. Am besten fangen Sie schon sechs bis acht Wochen vorm Saattermin mit der Bodenvorbereitung an. Gehen Sie die Fläche, die einmal Rasen werden soll, ab, und sammeln Sie alles ein, was nicht Erde ist: Steine, Unkräuter, Pflanzenreste. Dann müssen Sie spatentief umgraben und dabei wieder Steine und Unkraut aussortieren. Beim Umgraben können Sie eine Lage Kompost mit einarbeiten. Zum Schluß wird die Erde locker geharkt und bleibt einige Wochen so liegen. In dieser Zeit kann der restliche Unkrautsamen, der noch in der Erde ist, keimen.

Ein paar Tage vorm Saattermin wird es dann richtig mühsam. Sie müssen alles Unkraut ausjäten. Anschließend wird noch einmal geharkt, dann der Boden leicht festgetreten. Dabei können Sie einen Rasendünger mit Langzeitwirkung aufstreuen und einharken. Bei einem gut mit Kompost versorgten Gartenboden allerdings ist dieser Zusatzdünger überflüssig. Ist es sehr trokken, wird die Erde am Tag vor der Aussaat gründlich gewässert.

Dann schließlich kann es ans Säen gehen. Zunächst wird der Samen noch einmal gut gemischt. Sie können auch etwas feinen Sand dazugeben, dann läßt sich der feine Grassamen besser aussäen. Am besten säen Sie erst einmal Probe. Denn etwas Übung gehört schon dazu, Samen gleichmäßig auf eine doch meist recht große Fläche zu verteilen. Wiegen Sie auf einer Briefwaage 30–40 g Samen aus, je nachdem, wieviel Sie für einen Quadratmeter brauchen. Dann markieren Sie sich einen Quadratmeter auf dem Rasen und versuchen, die Saatmenge gleichmäßig darauf zu verteilen: die Hälfte in Längs-, die andere Hälfte in Querrichtung. Danach haben Sie vielleicht ein Gefühl dafür, wie Sie den Samen verteilen müssen. Der Rest ist Glückssache beziehungsweise Übung.

Nun teilen Sie die gesamte Saatmenge in zwei gleiche Hälften, füllen eine Hälfte in ein Eimerchen oder eine Schüssel, schreiten Ihre Rasenfläche bahnenweise ab und verteilen dabei mit der Hand den Samen. Mit der zweiten Saathälfte wiederholen Sie das Ganze, nur diesmal in Querrichtung. Wer Schwierigkeiten mit dem Aussäen von Hand hat, kann versuchen, ob er mit einem Streuwagen besser zurechtkommt. So ein Wagen hat aber nur dann Sinn, wenn er sich, für verschiedenes Saatgut, unterschiedlich einstellen läßt. Harken Sie den Samen leicht, nicht zu tief, in die Erde. Letzter Arbeitsgang beim Aussäen ist das Festtreten oder Festwalzen der Erde. Tretbretter haben Sie sicher schon gesehen: zwei längliche Bretter mit vier Löchern in den Ecken,

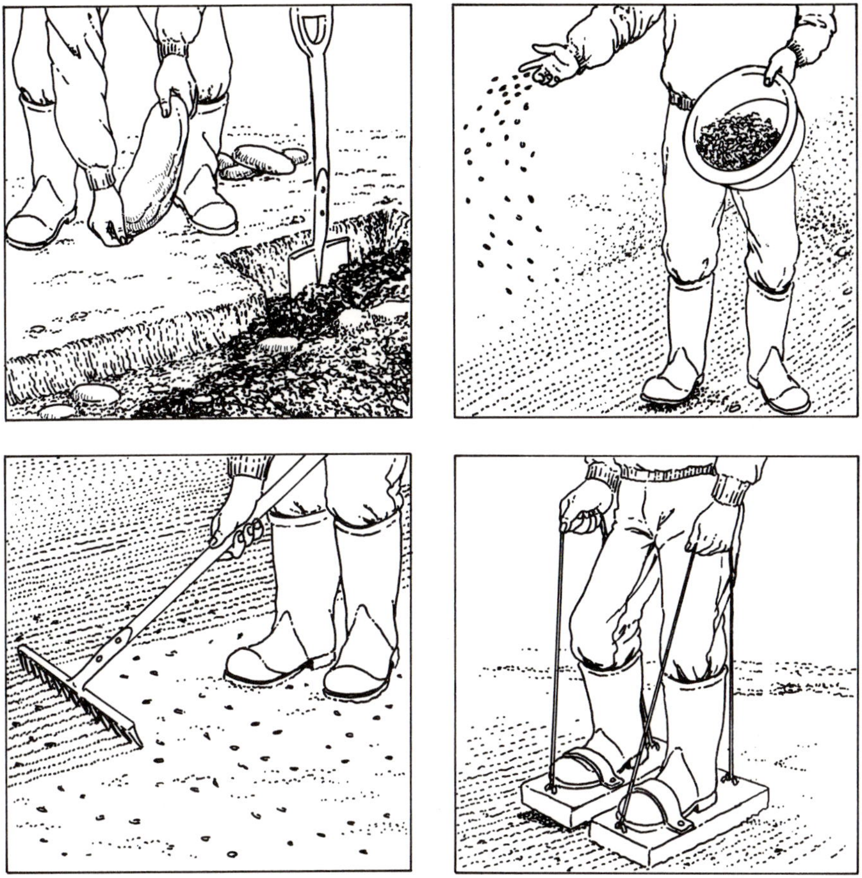

1 2 3 4

Wenn Sie einen Rasen aussäen wollen, müssen Sie zunächst den Boden umgraben und dabei alle Unkräuter und Steine aussortieren (1). Nach dem Harken und Antreten wird ausgesät: in breiten Würfen, einmal in Längs-, einmal in Querrichtung (2). Harken Sie den Samen leicht ein (3). Zum Schluß die Erde festwalzen oder festtreten (4).

durch die Schnüre gezogen werden. Stellen Sie sich auf diese Bretter, nehmen Sie die Schnüre so straff in die Hand, daß die Bretter fest unter den Füßen sitzen, und schreiten Sie so die ganze Fläche ab.

Leider ist Rasensamen eine Delikatesse für Vögel. Zwar können Sie Ihren Rasen davor schützen, indem Sie Kunststoffnetze über den Boden breiten oder kreuz und quer schwarze Fäden spannen, aber das ist eine mühsame Arbeit. Aber trösten Sie sich: Auch nach dem Vogeleinfall bleibt meist noch genug Samen übrig, auf jeden Fall mehr, als es den Anschein hat.

Ist es längere Zeit sehr trocken, müssen Sie gießen. Aber nicht mit dem Schlauch oder der Kanne, sondern mit der feinsten Stufe des Regners. Das müssen Sie dann so lange wiederholen, bis das junge Gras ein paar Zentimeter hoch ist.

Nach etwa sechs Wochen sollte Ihr Rasen 8–10 cm hoch sein: Zeit fürs erste Mähen. Stellen Sie den Mäher auf eine Schnitthöhe von 6 cm: Beim ersten Schnitt werden nur die Spitzen gekappt. Bei jedem weiteren Schnitt senken Sie die Schnitthöhe um 1 cm, bis Sie normale Höhe (3–4 cm) erreicht haben.

Rollrasen und Soden verlegen

Den Unterboden müssen Sie für Fertigrasen genauso sorgfältig vorbereiten wie für eine Aussaat. Ein Fertigrasen muß nach dem Eintreffen so schnell wie möglich verlegt werden. Rasenrollen werden wie Teppichläufer nebeneinander ausgerollt und leicht festgewalzt. Fugen zwischen den einzelnen Rollen füllen Sie mit Erde oder Kompost. Bei Rasensoden beginnen Sie in einer Ecke und legen eine Reihe nebeneinander. Die zweite Reihe muß so anschließen, daß die Fugen wie bei einer Ziegelmauer versetzt sind. Auch die Soden werden leicht festgewalzt und die Lücken mit Erde gefüllt. Fertigrasen müssen Sie zwei, drei Wochen lang täglich sprengen, bis er fest mit dem Untergrund verwachsen ist. Nach zwei Wochen kann der Rasen zum ersten Mal gemäht, nach vier Wochen gedüngt werden.

Blumenwiese und Blumenrasen

Für eine komplett neue Blumenwiese wird der Boden genauso vorbereitet wie für den Rasen – nur düngen dürfen Sie ihn nicht. Dann wird, ebenfalls wie beim Rasen beschrieben, eine Blumenwiesenmischung ausgesät, eingeharkt und festgetreten. Der Unterschied zum Rasen: Sie müssen die Wiesensaat sehr lange feucht halten, noch vier Wochen nach dem Aufgehen der ersten Blumen. Denn einige keimen sehr spät.

Sie können aber auch einen vorhandenen Rasen in eine Blumenwiese oder, besser gesagt, in einen Blumenrasen verwandeln. Die einfachste Möglichkeit, sozusagen mit Anwachsgarantie, aber mit viel Arbeit verbunden, ist es, Blumenzwiebeln zum Verwildern einzupflanzen. Besonders geeignet sind kleine Pflanzen wie Schneeglöckchen, Märzbecher, Krokus. Pflanzen Sie aber nicht nur zwei oder drei von einer Sorte, sondern gleich ein paar Dutzend, am besten in den Schatten von Bäumen oder Sträuchern. Mähen dürfen Sie so einen Blumenrasen erst, wenn im Frühjahr das Laub der Zwiebelpflanzen verwelkt ist.

Die zweite Möglichkeit: Sie säen Wiesenblumen in einen vorhandenen Rasen. Allerdings können Sie Samen nicht einfach darauf verteilen, sondern müssen erst einmal die Grasnarbe aufreißen, so daß nackte Erde zu sehen ist. Dazu brauchen Sie ein Vertikutiergerät, mit dem Sie zwei- bis dreimal in Längs- und Querrichtung über den Rasen gehen. (Das

1

2

Beim Verlegen von Rasensoden beginnen Sie in einer Ecke (1) und legen dann eine Sode neben die andere, von Reihe zu Reihe mit versetzten Fugen. Zum Schluß werden die Lücken mit Erde gefüllt und die Soden festgewalzt. Sie können die Soden auch mit dem Harkenrücken gut festdrücken (2).

ist nicht ganz so mühsam, wenn Sie den Rasen vorher so kurz wie möglich mähen.) Dann kaufen Sie eine Blumenmischung ohne Gras. Denn wenn es im Augenblick auch nicht so aussieht: Es ist noch genug Gras da, das nach kurzer Zeit eifrig weiterwächst. Streuen Sie den Samen in die Rasenfläche, und sprengen Sie fünf bis sechs Wochen lang regelmäßig, bis alle Blumen gekeimt haben.

Regelmäßiges Mähen

Anfang April müssen Sie einen Rasen zum ersten Mal im Jahr mähen, von da ab etwa einmal in der Woche. Erst zum Herbst hin, wenn er nur noch wenig wächst, können die Abstände größer werden. Beim ersten Schnitt sollten Sie kurz mähen, auf 2–3 cm, damit der Rasen viele neue Triebe bildet. Die beste Zeit ist der späte Nachmittag, nach der Mittagssonne. Denn unter den kräftigen Halmen, die abgemäht werden, kommen feine, zarte Gräser zum Vorschein, die noch nicht viel Sonne vertragen. Beim ersten Mal müssen Sie das abgeschnittene Gras auf jeden Fall abrechen.

Als Faustregel können Sie sich fürs weitere Schneiden merken, daß ein Zierrasen kürzer (2,5–3 cm), ein Gebrauchsrasen etwas länger (3–4 cm) gehalten wird.

Bei nassem Wetter sollten Sie das Mähen ein paar Tage verschieben, bis der Rasen etwas abgetrocknet ist. Denn sonst wird mehr Gras durch den Mäher flachgedrückt als abgemäht. Übrigens sollten Sie immer in leicht überlappenden Streifen mähen. Dann bleibt kein ungemähtes Gras stehen. Da man normalerweise in parallelen Bahnen mäht, ändern Sie von Mal zu Mal die Schnittrichtung: mal längs, das nächste Mal quer. So wird der Rasen gleichmäßiger. Die Rasenkanten müssen Sie fast immer mit der Grasschere nachschneiden.

Ist Ihr Rasen nach einem Urlaub überlang geworden, sollten Sie ihn nicht auf einmal radikal kürzen. Denn dann sieht er gelb und krank aus. Schneiden Sie ihn schubweise zurück.

Die meisten Leute rechen das abgemähte Gras anschließend zusammen – oder sie sammeln es gleich im Grasfangkorb. Wenn Sie aber sehr oft mähen, etwa alle vier Tage, können Sie sich das Harken sparen. Das abgeschnittene Gras ist dann so kurz, daß es durch die Halme hindurch auf die Erde fällt. Dort kann es als Mulchdecke liegenbleiben, die den Rasen vorm Austrocknen schützt.

Allerdings hat diese Methode auch ihre Grenzen: Bei Regenwetter muß grundsätzlich abgeharkt werden; aber auch bei Trockenheit sollten Sie einmal im Monat den Rasen rechen, damit die Mulchschicht nicht zu dick wird und verfilzt.

Düngen und Gießen

Wenn Sie sich überlegen, daß Sie einen Rasen bei jedem Schneiden zu neuem Wachsen animieren und daß er zum Wachsen natürlich Nährstoffe aus dem Boden braucht, dann wird ganz von selbst klar, daß der Boden regelmäßigen Nährstoffnachschub braucht: Sie müssen düngen.

Düngen Sie das erste Mal Ende Mai, etwa drei Tage nach dem Mähen, an einem leicht trüben Tag. Fast immer wird fester Dünger genommen, der gleichmäßig über den Rasen verteilt wird. Anschließend müssen Sie, wenn es nicht zufällig regnet, etwas wässern. Flüssigdünger wird in Wasser aufgelöst und mit der breiten Brause einer Gießkanne verteilt. Das ist aber bei großen Flächen recht mühsam.

Für den Rasen gibt es Spezialdünger zu kaufen. Am wenigsten Arbeit machen die sogenannten Langzeitdünger, die Nährstoffe über Monate in gleichmäßigen Portionen an die Erde abgeben. Von den – etwas teureren – Lanzeitdüngern gibt man je ein Drittel der Jahresration (etwa 30 g/qm) im Mai, im August und noch einmal Ende Oktober. Von einem normalen Rasen-Volldünger wird alle sechs Wochen eine kleinere Portion (15–20 g/qm) ausgestreut.

Das Dumme ist nur, daß ein gut gedüngter Rasen auch besser wächst, er muß öfter gemäht werden, entzieht so dem Rasen mehr Nährstoffe, muß wieder gedüngt werden, wieder gemäht – und so geht der Kreislauf immer weiter.

Als Grundregel fürs Gießen gilt beim Rasen wie auch bei allen Pflanzen: lieber einmal gründlich als öfter ein bißchen.

Wann Ihr Rasen in Trockenzeiten Wasser braucht, erkennen Sie nach einiger Zeit schon an der Farbe: Sind die Gräser nicht mehr satt grün, sondern schimmern leicht bläulich, wird's Zeit zum Sprengen. Ein zweites Erkennungszeichen: Trittspuren bleiben länger sichtbar, die Gräser richten sich nicht so schnell wieder auf. Wenn es im Sommer acht bis zehn Tage nicht geregnet hat, sollten Sie auf diese Symptome achten. Braucht der Rasen Wasser, dann stellen Sie für mehrere Stunden den Regner an, so daß das Wasser auch die unteren Wurzelpartien erreicht. Am sparsamsten gießen Sie abends, dann verdunstet weniger Wasser.

Sprengen Sie einen Rasen aber im Sommer zu oft, verweichlichen Sie ihn: Er bemüht sich gar nicht erst, die Wurzeln in die Tiefe zu schicken, wo sie vielleicht noch Wasserreserven finden.

Manchmal kommt es vor, während des Urlaubs zum Beispiel, daß ein Rasen ziemlich austrocknet. Ihn dann stundenlang zu gießen, wäre falsch: So viel Wasser auf einmal kann er gar nicht aufnehmen. Überbrausen Sie ihn erst zwei- bis dreimal im Abstand von ein paar Stunden, dann wird erst der Regner angestellt.

Rasen im Winter

Ende Oktober müssen Sie den Rasen ein letztes Mal schneiden, und zwar so kurz wie möglich. Langes Gras wird im Winter naß und fault, es bilden sich kahle Stellen. Mit einem Drahtbesen wird er kräftig abgerecht. Ist er im Sommer viel begangen oder bespielt worden, sollten Sie ihn vertikutieren.

Ist der Rasen erst einmal gefroren, sollten Sie ihn so selten wie möglich betreten. Denn dann drücken Sie die Gräser zusammen, in diesen Vertiefungen bleibt Wasser stehen, der Rasen fault.

Im Frühjahr ist die erste Arbeit wieder das gründliche Abrechen, aber erst, wenn der Boden frostfrei und einigermaßen trocken ist. Manchmal entdecken Sie dabei hochgefrorene Stellen. Die müssen Sie mit Brettern wieder festtreten oder walzen.

So wird ein Rasen wie neu

Bei einem älteren Rasen ist die Grasnarbe oft richtig verfilzt, und es hat sich eine Menge Moos gebildet. Beides müssen Sie im Frühjahr mit einem Vertikutierer herauskratzen. Dieses Gerät wird einmal längs und einmal quer durch den Rasen gezogen. Mit seinen gebogenen Klingen zerteilt es dabei die Graswurzeln und reißt Filz und Moos aus. Mit einem Handgerät ist das eine ziem-

Beim Vertikutieren kratzen Sie Filz und Moos aus dem Boden, die Graswurzeln können wieder atmen. Einen Handvertikutierer müssen Sie in den Boden schlagen und fest durch das Gras ziehen.

1

2

Soll der Rasen nur belüftet werden, reicht eine Grabgabel, für größere Flächen eine Nagelwalze (1). Die Löcher werden anschließend mit Sand gefüllt (2).

lich mühsame Arbeit, einfacher geht es mit einem Elektrogerät. Alle Reste müssen Sie sorgfältig zusammenrechen.

Auch wenn ein Rasen nur wenig vermoost ist, sollte er im Frühjahr wenigstens belüftet werden. Dafür gibt es sogenannte Nadelwalzen und spezielle Aerifizierer. Es funktioniert aber auch mit einer normalen Grabgabel: Stechen Sie die Gabel etwa alle 20 cm in den Boden, und bewegen Sie sie leicht hin und her – und das auf dem ganzen Rasen. Nach dem Durchlöchern streuen Sie eine dünne Schicht Sand auf den Boden, der zuerst mit dem Rechen, dann mit einem Straßenbesen verteilt wird. Er fällt in die Löcher: Diese bleiben so als Luftlöcher erhalten, gleichzeitig kann dadurch Wasser in tiefere Schichten eindringen.

Manchmal müssen Sie einen Rasen, weil er kahle Stellen hat, flicken, oder Sie müssen ihn sogar ganz erneuern.

Bei einer kahlen Stelle wird eine entsprechend große Sode (aber so klein wie möglich) herausgestochen, mit dem Spaten angehoben und abgenommen. Dann füllen Sie in das Loch bis auf Rasenhöhe Erde und säen neu aus. Versuchen Sie, möglichst passenden Rasensamen zu bekommen.

Ähnlich funktioniert es, wenn eine Rasenkante beschädigt ist. Stechen Sie wieder eine möglichst kleine Sode aus, die Sie abheben und so weit nach vorn schieben, bis das beschädigte Stück vor der Rasenkante liegt. Dort wird es sauber abgestochen. Im Rasen, wo nun ein entsprechendes Loch ist, füllen Sie Erde auf und säen neu aus.

Wenn Sie einen ganzen Rasen erneuern müssen, heißt das im schlimmsten Fall: umgraben und neu aussäen – eine schlimme Arbeit. Wenn Ihr Rasen aber nur an einigen Stellen schlimm aussieht, sollten Sie es mit Vertikutieren und anschließendem Aussäen versuchen.

1

2

3

Zuerst wird der Rasen so kurz wie irgend möglich geschnitten. Dann müssen Sie ihn mit einem Vertikutierer mehrmals aufreißen. Nachdem Sie sorgfältig alles abgerecht haben, streuen Sie neuen Samen auf die Erde und decken ihn mit einer Schicht Humusdünger (gibt's fertig zu kaufen) zu. Der Humusdünger gibt dem verbrauchten Boden Nährstoffe und Spurenelemente zurück. Dann wird die Fläche festgetreten und befeuchtet, bis frisches Grün zu sehen ist. Zwischen den neuen Gräsern wachsen auch wieder viele alte nach, deshalb kommen Sie ungefähr mit einem Viertel der sonst notwendigen Saatmenge aus.

Kampf gegen das Unkraut

Zunächst einmal sollten Sie sich fragen, was für Sie eigentlich Unkraut ist. Fängt es bei den Gänseblümchen an? Oder beim Löwenzahn? Oder erst beim Moos? Denn wenn Sie beschließen, daß sowohl Gänseblümchen als auch Löwenzahn hübsch anzusehen sind, können Sie sich deren Bekämpfung sparen.

Haben Sie einzelne, störende Unkräuter mitten im Rasen, ist die beste Methode immer noch das Aus-

Wenn ein Rasenstück am Rand ausgebrochen ist, stechen Sie zuerst eine entsprechend große Sode aus (1). Diese wird abgehoben und so weit nach vorn geschoben, daß Sie das abgebrochene Stück bequem abstechen können (2). Auf das entsprechende Loch im Rasen wird neu ausgesät (3).

stechen mit dem Unkrautstecher. Die Pflanzen werden seitlich angestochen, hochgehoben und gelockert, so daß man sie mitsamt den Wurzeln aus der Erde ziehen kann. Versuchen Sie, so eine Pflanze allein mit der Hand herauszuziehen, haben Sie meist nur die Blätter in der Hand, der tiefsitzende Wurzelstock bleibt in der Erde und treibt munter weiter aus.

Wenn Sie Unkräuter auf chemische Art bekämpfen wollen, haben Sie die Wahl zwischen Mitteln zum Spritzen, Gießen und Streuen. Die letzteren sind oft mit Dünger kombiniert. Chemische Unkrautvernichter sollten Sie nur an windstillen Tagen anwenden, damit sie nicht aus Versehen auf andere Pflanzen geweht werden, die dann ja ebenfalls sterben. Beachten Sie stets ganz genau die auf den Packungen angegebenen Verarbeitungsvorschriften. Nachdem Sie ein Unkrautvernichtungsmittel verwendet haben, dürfen Sie erst nach 8–10 Tagen wieder mähen, damit das Mittel in der Zwischenzeit wirken kann.

Für einzeln stehende Unkräuter wurde ein sogenannter Unkrautstab entwickelt: Berührt man die unerwünschte Pflanze mit seiner Stabspitze, gibt er eine winzige Menge Vernichtungsmittel ab, so daß nur dieses eine Unkraut getroffen wird.

Viel besser aber, und wirksamer gegen Unkraut als alle chemischen Mittel, ist die richtige Rasenpflege: Ordentliche Bodenvorbereitung und regelmäßiges Mähen unterdrücken von vornherein so viel Unkraut, daß oft eine regelrechte Bekämpfung gar nicht mehr notwendig ist.

Eine Blumenwiese pflegen

Mähen brauchen Sie nur zweimal im Jahr: einmal etwa im Juni, ein zweites Mal im Oktober, damit die Wiese kurz ist, wenn sie überwintert. Dazu aber müssen Sie den Umgang mit der Sense lernen. Hohe Wiesengräser schafft selbst der beste Rasenmäher nicht. Und sogenante Balkenmäher, die dafür geeiget sind, sind relativ teuer.

Bei einer Wiese müssen Sie abgeschnittene Gräser immer abrechen. Wenn sie als Mulchdecke liegenbleiben, würden Nährstoffe frei, die Blumenwiesen gar nicht mögen. Normalerweise dürfen Sie eine Blumenwiese auch nicht düngen. Wer seinen Blumen allerdings zu schöneren Blüten verhelfen will, kann etwa alle drei Jahre eine leichte Phosphat-Kali-Düngung geben.

Krankheiten und Schädlinge

Richtige Rasenkrankheiten sind glücklicherweise selten. Manchmal aber treten Pilzkrankheiten auf, meist entstanden durch falsche Wachstumsbedingungen oder falsche Pflege.

Bei Stickstoffmangel entsteht Blattrost. Zuerst sind winzige, wie versengt aussehende Flecken zu sehen. Dann bildet sich ein rötlicher Schimmelrasen. Der Schaden ist aber nicht allzu schlimm, so daß man auf die hochgiftigen Gegenmittel verzichten sollte. Mähen Sie, und geben Sie einen stickstoffbetonten Dünger.

Hexenringe tauchen im Herbst auf, als Kreis um einen abgestorbenen Grasfleck. Verursacher sind Pilze. Nehmen Sie die kranken Rasensoden heraus, und säen Sie an diesen Stellen neu aus.

Schneeschimmel, eine der häufigsten Krankheiten, befällt meist Rasen, die schlecht belüftet sind. Zuerst erscheinen braune Flecken, die später wachsen und mit einem weißen Belag überzogen sind. Auch hier sollten Sie schlimme Stellen herausnehmen und neu aussäen, den restlichen Rasen gut durchlüften.

Maulwürfe stören weniger als ihre Hügel. Legen Sie ein Stück Karbid oder einen petroleumgetränkten Lappen in ihre Gänge.

Blumen für die Wiese

Wenn Sie einen Rasen in eine Blumenwiese verwandeln wollen, können Sie von den folgenden Pflanzen Samen aussäen:

Gänseblümchen (Bellis perennis)
Gamander-Ehrenpreis (Veronica chamaedrys)
Gelbe Lupine (Lupinus luteus)
Gemeine Braunelle (Prunella vulgaris)
Grasnelke (Armeria maritima)
Hahnenfuß (Ranunculus repens)
Hornklee (Lotus corniculatus)
Hundsveilchen (Viola canina)
Klatschmohn (Papaver rhoeas)
Kleiner Wiesenknopf (Saguisorba minor)
Knäuelglockenblume (Campanula glomerata)
Kornblume (Centaurea cyanus)
Storchschnabel (Geranium pratense)
Schlüsselblume (Primula elatior)
Vergißmeinnicht (Myosotis)
Wiesenflockenblume (Centaurea jacea)
Wiesenlabkraut (Galium mollugo)
Wiesenmargerite (Leucanthemum vulgare)
Wiesen-Salbei (Salvia pratensis)

Pflanz- und Pflegetermine

Ein Rasen setzt Ihnen feste Termine. Die exakte Datierung der verschiedenen Arbeiten allerdings hängt stark vom Wetter, den Bodenverhältnissen und dem Rasenzustand ab.

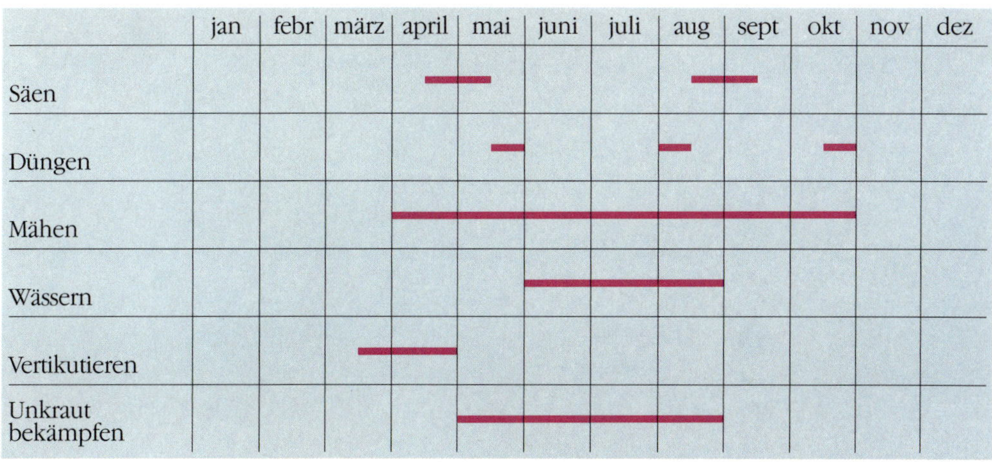

8. HECKEN

Bei wildwachsenden Hecken, die nicht geschnitten werden, können Sie viele Arten, die etwa gleiche Form und Höhe haben, miteinander mischen.

Fast jeder von uns hat das Bedürfnis, sein Grundstück einzugrenzen. Mancher zieht hohe Mauern, häufig sieht man wieder Lattenzäune. Ein echter Gärtner aber, der den Platz dafür hat, pflanzt eine Hecke, eine Mauer, die lebt. So eine Hecke ist nicht nur Begrenzung, sondern gleichzeitig Schutz vor neugierigen Blicken, vor Lärm und kaltem Wind.

Ob man eine immergrüne Hecke pflanzt oder eine, die im Herbst ihre Blätter verliert, ist nicht nur eine Frage des Geschmacks, sondern vor allem des Zwecks, dem die Hecke dienen soll. Soll der Garten auch im Winter vor neugierigen Blicken und vor kalten Winden geschützt sein, kommt nur eine immergrüne Hecke in Frage. Wobei immergrün nicht unbedingt Nadelgehölz heißen muß. Auch Buchsbaum, Liguster, Stechpalme und einige andere Laubgehölze sind wintergrün. Die laubabwerfenden Hecken – die bekanntesten sind wohl Buche und Weißdorn – haben den Vorteil, daß man sie nach Jahren problemlos verjüngern kann. Bei Nadelgehölzen geht das nicht.

Dann hängt die Wahl der richtigen Heckenpflanzen davon ab, ob die Hecke geschnitten werden muß oder frei wachsen darf. Hecken aus Strauchrosen, Schlehen, Hasel oder auch Forsythien sind wunderschön und machen, im Gegensatz zu Formschnitthecken, wenig Arbeit. Aber sie brauchen Platz – mindestens fünf Meter Breite.

Schließlich ist auch die zukünftige Höhe wichtig. Soll eine Hecke zum Beispiel nur Beete einfassen, also nur eine optische Begrenzung sein, ist Buchsbaum ideal. Aber auch Lavendel bildet eine hübsche Zwerghecke. Wollen Sie besonders schnell eine hohe Hecke, sind Liguster und Lebensbaum geeiget. Buche und auch Eibe dagegen sind nur etwas für Geduldige.

Bei den freiwachsenden Strauchhecken können Sie viele Arten bunt durcheinanderwachsen lassen – wenn sie in Form und Höhe zusammenpassen. Bei Schnitthecken jedoch dürfen Sie nicht mischen, da Breite, Höhe und Wuchsgeschwindigkeit der einzelnen Pflanzen sehr unterschiedlich sind.

Einkaufstips

Wenn Sie Heckenpflanzen kaufen wollen, müssen Sie zunächst einmal die Länge der zukünftigen Hecke ausmessen. Im Normalfall rechnet man pro Heckenmeter drei bis fünf Pflanzen. Bei manchen Hainbuchen oder Feldahornpflanzen reichen aber auch schon zwei, von Liguster müssen Sie manchmal sieben Stück auf einen Meter setzen. Baumschulen können Ihnen selbstverständlich exakt sagen, wie viele der von Ihnen ausgesuchten Pflanzen Sie brauchen. Auch die meisten Kataloge geben den Pflanzabstand oder den Meterbedarf an.

Bei Heckenpflanzen sollten Sie ruhig junge Pflanzen nehmen. Sie wachsen leichter an als ältere und sind sehr viel preiswerter. Denn jedes zusätzliche Jahr in der Baumschule hat seinen Preis. Brauchen Sie sofort eine Abschirmung, dann setzen Sie für die nächsten zwei, drei Jahre einen Zaun aus Spanndraht davor.

Heckenpflanzen werden in verschiedenen „Verkaufsformen" angeboten. Robuste Laubgehölze, Sträucher für freiwachsende Hecken bekommen Sie zur vorgeschriebenen Pflanzzeit mit freiliegenden Wurzeln. Immergrüne und Koniferen, die ein bißchen empfindlicher sind, werden heute fast nur noch mit Wurzelballen verkauft. Aber auch die „normalen" Pflanzen können Sie als Ballenware kaufen, natürlich sind sie dann teurer als mit lockerem Wurzelwerk. Zwar ist die Anwachsgarantie größer, aber auch bei offenen Wurzeln haben Sie normalerweise keine Schwierigkeiten, wenn die Pflanzen fachgerecht eingesetzt werden.

Schließlich gibt es von fast allen Arten sogenannte Containerpflanzen. Das sind Pflanzen, die im Topf gezogen wurden. Ihr großer Vorteil: Sie können praktisch das ganze Jahr über gepflanzt werden, unabhängig von bestimmten Zeiten. Sie können aber auch Tage oder sogar Wochen in ihren Töpfen stehenbleiben, wenn sie aus irgendeinem Grund nicht sofort in die Erde können. Aber: Sie sind noch teurer als Ballenware und sehr viel teurer als gleiche Pflanzen mit lockeren Wurzeln.

Hauptsache: Heckenschere

Für Heckenbesitzer ist eine Heckenschere ein unentbehrliches Requisit. Zwar kann man ganz junge Hecken noch mit einer Gartenschere in Form bringen, sobald aber die Triebe verholzt sind, muß etwas Stärkeres her.

Es gibt mechanische und elektrische Scheren. Handscheren sind ausreichend bis zu einer Heckenlänge von zehn bis fünfzehn Metern. Wenn Sie eine Heckenschere kaufen, nehme Sie ein Modell mit Wellenschnitt und Astschneider. Das ist eine Einkerbung an beiden Schneiden für stärkere Äste. Die Blattlänge sollte etwa 30 cm betragen.

Weitaus bequemer und bei längeren Hecken zu empfehlen, allerdings auch teurer sind Elektro-Heckenscheren. Damit ist der Heckenschnitt im Handumdrehen erledigt. So eine Schere sollte eine Schnittbreite von wenigstens 40 cm haben und einen eingebauten Sicherheitsschalter, damit nichts passiert, wenn Sie mal aus Versehen das Kabel durchtrennen.

Hecken pflanzt man im Herbst

Die beste Pflanzzeit für sommergrüne Hecken, für Pflanzen, die ohne Wurzelballen und nicht im Container geliefert werden, sind die Wochen zwischen Ende Oktober und Mitte November. Eine Ausnahme machen Hain- und Rotbuche: Sie werden grundsätzlich

Pflanzen, die man nicht sofort einsetzen kann, werden eingeschlagen: Sie müssen sie in einen Graben legen und provisorisch mit etwas Erde bedecken.

im Frühjahr, im März/April gepflanzt. Bei den übrigen ist eine Pflanzung zu dieser Zeit natürlich auch möglich, aber immer nur die zweitbeste Lösung. Immergrüne und Nadelgehölze pflanzt man, kurz bevor sie austreiben, Ende April, oder nachdem sie fertig ausgetrieben haben, Ende August. Containerpflanzen kann man zu jeder Jahreszeit einsetzen, natürlich nur, wenn der Boden nicht gefroren ist.

Kommen bestellte Pflanzen einmal zu einem ungünstigen Termin an und können nicht sofort gepflanzt werden, „schlägt man sie für kurze Zeit ein", wie es der Fachmann nennt: Heben Sie einen Graben aus, legen Sie die Pflanzen mit ihren Wurzeln dort hinein, und schaufeln Sie Erde darüber. Dann werden sie gründlich gegossen. Zum Pflanzen braucht man sie dann nur aus der Erde zu ziehen. Wenn die Sonne noch kräftig scheint und Sie Immergrüne einschlagen müssen, sollten Sie die Zweige mit Tüchern abdecken.

Den Platz für eine Hecke können Sie sich so gut wie nie aussuchen. In der Regel steht sie auf der Grundstücksgrenze – und die liegt fest. Also müssen Sie sich die für den Platz richtigen Pflanzen aussuchen. Glücklicherweise sind die meisten Heckenpflanzen in dieser Hinsicht einfach zufriedenzustellen. Sie mögen Sonne, aber auch Halbschatten. Ausgesprochene Sonnenkinder sind nur die Strauchrosen, Berberitzen, einige Blütensträucher und der Feldahorn. Dafür gibt es aber auch Heckenpflanzen, die mit einem Schattenplatz zufrieden sind: Hainbuche, Weißdorn, Liguster, Buchsbaum, Stechpalme.

Aber: So ohne weiteres dürfen Sie eine Hecke nicht pflanzen, zumindest nicht an die Grundstücksgrenze. Denn da tritt das sogenannte Nachbarschaftsrecht in Kraft, das für Pflanzen, also auch für Hecken, bestimmte Grenzabstände vorschreibt. Diese Abstände sind von Bundesland zu Bundesland unterschiedlich. Erkundigen Sie sich bei Ihrer Gemeindeverwaltung danach.

Wenn Sie sich allerdings mit Ihrem Nachbarn gut verstehen, dann können Sie auch vereinbaren, eine gemeinsame Hecke direkt auf die Grenze zu setzen. Vereinbaren Sie gleich mit, wer die Hecke pflegt: jeder von seiner Seite etwa oder derjenige, der sie unbedingt wollte, von beiden Seiten.

Eine Formhecke kann man, mit ein bißchen Übung, auch auf unterschiedliche Höhen schneiden. Wichtig: Seiten und Oberkante mit einer Schnur markieren.

Der Pflanzgraben muß breit und tief sein (1) und die Sohle aufgelockert (2). Vorm Einsetzen werden die Pflanzenwurzeln etwas gekürzt (3), dann kommen sie im richtigen Abstand in den Graben. Erde einfüllen (4). Wenn der Graben halb voll ist, gut einschlämmen (5). Wenn er gefüllt ist, Erde antreten (6), gießen.

1 2 3 4 5 6

Pflanzen besser zu zweit

Heckenpflanzen ohne Wurzelballen sollten Sie vor dem Pflanzen erst einmal ein paar Stunden in einen Eimer mit Wasser stellen. Direkt vor dem Pflanzen werden geknickte und vertrocknete Wurzeln abgeschnitten, die restlichen ein wenig gekürzt. Dann bilden sich schneller feine Faserwurzeln, die Nährstoffe aufnehmen.

Beim Ausheben des Grabens sollten Sie lieber zuviel als zuwenig tun. Je tiefer und breiter er ist, je besser die Erde aufbereitet wird, desto schneller wächst später die Hecke. Profi-Gärtner heben die Erde zwei Spaten tief (40–50 cm) und fast einen Meter breit aus – auch wenn das auf den ersten Blick viel zu breit wirkt. Die Grabensohle müssen Sie mit einer Grabgabel auflockern. Sonst kann überflüssiges Wasser nur schlecht versickern. Nasse Füße aber vertragen Heckenpflanzen nicht. Aus der ausgehobenen Erde sollten Sie Unkräuter und Steine aussortieren. Dann vermischen Sie die Erde mit Kompost oder feuchtem Torf. Auch eine Handvoll Dünger pro Heckenmeter kann nicht schaden.

Übrigens: Wenn Sie eine Schnur spannen, wird Ihr Graben eher gerade als nach Augenmaß.

Nun werden die Pflanzen in dem von der Baumschule vorgegebenen Abstand eingesetzt. Das geht am einfachsten zu zweit. Der eine hält die Pflanzen in der richtigen Tiefe in den Graben, der andere füllt Erde ein. Meist erkennen Sie am Stamm, wie tief die Pflanzen in der Baumschule standen. So tief müssen sie auch bei Ihnen in die Erde. Rütteln Sie die Pflanzen beim Einfüllen der Erde einige Male leicht hin und her, damit zwischen den Wurzeln keine Hohlräume mehr sind. Und achten Sie darauf, daß die Wurzeln nicht geknickt werden. Gehölze mit Ballen werden mitsamt Tuch in den Graben gesetzt. Nur Kunststoffhüllen, die im Boden nicht verrotten, müssen Sie vorher abnehmen. Wenn Sie den Graben halb mit Erde gefüllt haben, können Sie den Wasserschlauch nehmen und die Pflanzen vorsichtig (nicht zu weit aufdrehen) einschlämmen. Meist kippen sie dabei etwas zur Seite. Stellen Sie sie anschließend wieder in Reih und Glied, und füllen Sie den Graben ganz zu. Bei Pflanzen mit einem Ballentuch wird kurz vorher der Knoten am Pflanzenhals geöffnet, das Tuch zurückgeschlagen und über den Ballen noch etwa 2 cm Erde gefüllt. Zum Schluß treten Sie die Erde rings um jede Pflanze vorsichtig mit den Füßen fest und gießen recht gründlich. Wenn Sie vorher einen Gießrand formen, fließt das Wasser auch wirklich zu den Wurzeln und nicht einfach in die Gegend.

Wenn die Hecke soweit steht, werden alle Pflanzen etwa um ein Drittel auf eine einheitliche Höhe zurückgeschnitten.

In den nächsten Wochen müssen Sie sich noch oft um Ihre neue Hecke kümmern. Ist es trocken, müssen Sie gießen. Drückt Frost den Boden hoch, müssen Sie ihn wieder runterdrücken, damit die Wurzeln

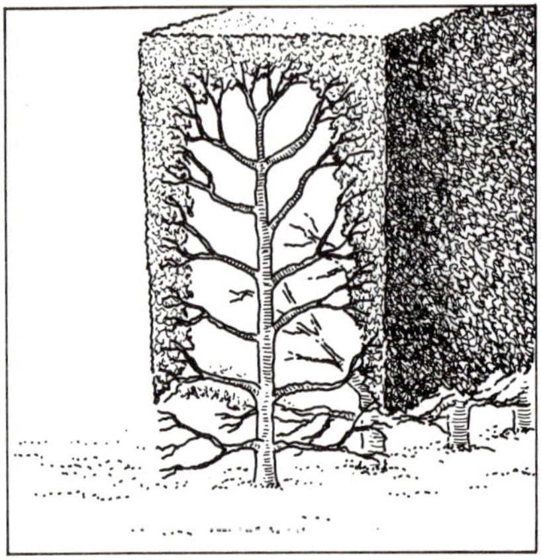

1

falsch

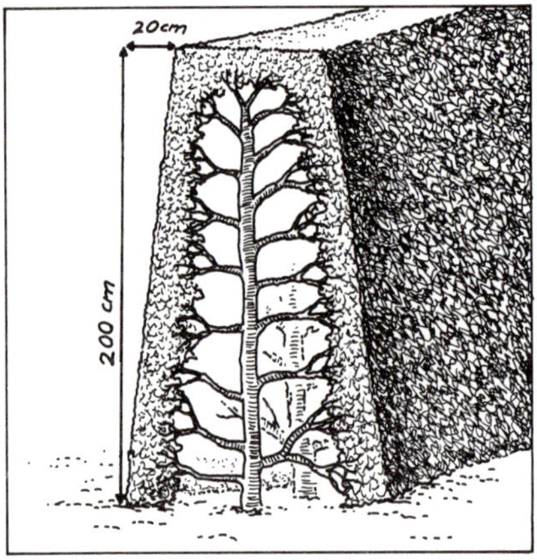

2

richtig

3

nicht austrocknen. Wenn Sie in einer sehr stürmischen Gegend wohnen, empfiehlt sich folgender Trick, damit der Wind die Wurzeln nicht lockert: Setzen Sie an jedes Heckenende einen Pfahl. Verbinden Sie die Pfähle mit einem Draht, und binden Sie jede einzelne Pflanze am Draht fest.

Der richtige Schnitt: ein Trapez

Wenn eine Hecke nicht zu breit werden soll, muß sie geschnitten werden. Jüngere, laubabwerfende Hecken werden in den ersten Jahren zweimal jährlich geschnitten. Das erste Mal im Juni, wenn die Pflanzen ihren Frühjahrsaustrieb abgeschlossen haben. Schneiden Sie die neuen Triebe stark zurück. Dadurch wird die Pflanze animiert, ein zweites Mal auszutreiben. Sie wird dichter. Der zweite Schnitt erfolgt im Spätherbst oder Winter, während der Ruhezeit. Dann wird die Form der Hecke korrigiert. Nach einigen Jahren allerdings genügt meist ein Schnitt pro Jahr. Nadelgehölze, die stets nur einmal austreiben, werden von Anfang an nur einmal in Jahr geschnitten: etwa im August.

Hecken müssen immer in Trapezform geschnitten werden (2). Sonst bekommen die unteren Zweige zu wenig Licht und verkahlen (1). Spannen Sie eine Schnur, damit die obere Kante gerade wird. Die schrägen Seiten legen Sie an einem Ende fest (3).

Vor jedem Heckenschnitt sollten Sie erst einmal nachschauen, ob nicht zufällig Vögel in der Hecke brüten. Dann verschieben Sie die Arbeit lieber um einige Wochen.

Eine Hecke richtig zu schneiden ist gar nicht so leicht. Damit sie auch in der unteren Hälfte schön dicht wird, muß sie trapez- oder pyramidenförmig geschnitten werden. Dann bekommen auch die unteren Zweige Licht. Eine von oben bis unten senkrechte Hecke wird schnell im unteren Teil kahl. Damit Sie einen Anhaltspunkt haben: Pro Meter Höhe sollten Sie von unten nach oben um 10 cm nach innen zurückweichen.

Am besten spannen Sie sich von Heckenende zu Heckenende eine Schnur und legen die Höhe fest. Entlang dieser Schnur können Sie ohne Probleme schneiden. Bevor Sie aber mit der Heckenschere über dem Kopf herumfummeln (das wird nie gerade), steigen Sie lieber auf eine Leiter. Ob Sie die Oberkante gerade oder gebogen schneiden, ist nicht nur Geschmackssache: Rundungen sind schwieriger zu schneiden. Nach der Höhe kommt die Breite. Die legen Sie an einem Ende der Hecke fest – und dann versuchen Sie, diese leichte Schräge die ganze Hecke entlang durchzuhalten. Am Anfang wird's sicher mehr schief als schräg, aber mit der Zeit bekommen Sie Übung.

Freiwachsende Hecken aus Ziersträuchern werden nicht so streng beschnitten, sondern nur ausgelichtet. Wann und wie Sie das machen sollten, erfahren Sie im folgenden Kapitel „Sträucher" (siehe Seite 134).

Ganz frisch gepflanzte Hecken werden im ersten Jahr immer wieder an den Seiten mit der Gartenschere gestutzt, damit sie neu austreiben und dicht werden. Vom zweiten Jahr ab wird auch die Höhe zurückgeschnitten, und zwar so, daß die Hecke bei jedem Schnitt etwa 20 cm höher bleibt – so lange, bis sie die Endhöhe erreicht hat.

Düngen, Mulchen, Gießen

Durch das kräftige Zurückschneiden werden Hecken zu neuem, kräftigem Austrieb gezwungen. Und dafür brauchen sie Nährstoffe. Da sie aber jahrelang am gleichen Platz stehen, sind die im Boden vorhandenen Reserven bald verbraucht. Sie müssen also zusätzlich düngen.

Meist genügt es, wenn Sie einmal im Jahr, im März, etwa 50 g Volldünger pro Heckenmeter verabreichen. Der Dünger wird dicht an der Hecke, möglichst an beiden Seiten, verteilt, flach eingehackt, anschließend müssen Sie gut gießen. Eine zweite Sommerdüngung, etwa im Juni/Juli, mit der halben Menge, ist nur bei einem besonders schlechten Boden notwendig.

Statt dessen sollten Sie im Frühjahr eine 3–5 cm dicke Mulchschicht am Fuß der Hecke verteilen, aus Kompost, feuchtem Torf, Grasschnitt. Im Winter kann man dazu auch Laub benutzen. Diese Mulchschicht zerfällt im Laufe der Zeit und bildet so eine

Art natürlichen Dünger. Viel wichtiger aber für den Hobbygärtner sind zwei andere Punkte: Sie unterdrückt das Unkraut, und sie speichert Wasser, so daß die Pflanzen auch längere Trockenperioden unbeschadet überstehen. Ohne Mulchschicht müssen Sie unter der Hecke Unkraut hacken oder jäten. Und Sie müssen gelegentlich wässern.

Zusätzlich gießen, und zwar mit dem Schlauch und nicht mit der Kanne, sollten Sie auf jeden Fall im Spätherbst. Denn wenn Gehölze wie Hecken zu trocken in den Winter gehen, sind sie frostempfindlicher. Sind Sie Besitzer einer immergrünen Hecke, müssen Sie auch im Winter an frost- und schneefreien Tagen gießen. Denn Ihre Hecke verdunstet auch im Winter Wasser, ohne daß genug natürlicher Nachschub da wäre.

Wenn es im Winter sehr viel schneit, müssen Sie von Zeit zu Zeit den Schnee von den Zweigen der Hecke schütteln, damit sie nicht von der Last abgeknickt werden.

Alte Hecken verjüngen

Ältere Hecken, die die gewünschte Höhe schon lange erreicht haben, sollten etwa alle fünf Jahre verjüngt, das heißt kräftiger zurückgeschnitten werden. Denn erstens werden sie trotz des Sommerschnitts der jungen Triebe jedes Jahr ein bißchen breiter und höher, zum anderen werden sie durch dieses Verjüngen angeregt, von innen heraus neue Zweige zu bilden. Die beste Zeit ist ein milder Wintertag, die richtige Rückschnittlänge liegt bei 20–30 cm.

Tiefer schneiden müssen Sie, wenn eine Hecke erst einmal von unten kahl geworden ist. Nehmen Sie die Astsäge (die Heckenschere schafft es oft nicht mehr), schneiden Sie die halbe Höhe ab, und rücken Sie auch den Seiten zu Leibe.

Eine Radikalkur brauchen ganz alte Hecken, die ziemlich weit über dem Boden kahl sind. Sie werden bis auf 40 cm lange Stümpfe abgesägt. Damit diese Reste im Frühjahr wieder kräftig austreiben, brauchen sie noch eine Zusatzversorgung: eine Kompostgabe oder Dünger.

So ein starker Rückschnitt hat im nächsten Jahr oft einen Massenaustrieb zur Folge. Die neuen Schößlinge sollten Sie im ersten Sommer noch nicht schneiden, sondern erst im folgenden Winter – um ein Drittel bis zur Hälfte.

Dieses Verjüngen funktioniert allerdings nur bei Laubhecken. Die meisten Nadelgehölze treiben nicht wieder aus. Wenn sie kahl geworden sind und häßlich aussehen, müssen sie ausgerodet und es muß eine neue Hecke gepflanzt werden.

Manchmal sind es nur einzelne Heckenpflanzen, die Kummer machen. Dann müssen Sie die Hecke flicken. Zuerst werden schwache oder kranke Pflanzen so vorsichtig ausgegraben, daß möglichst keine Nachbarn in Mitleidenschaft gezogen werden. Vermischen Sie die Erde mit einigen Schaufeln Kompost oder Torfhumus, und setzen Sie in die Lücken kräftige Jungpflanzen – natürlich zur richtigen Pflanzzeit. In diesem Fall sollten Sie aber nicht ganz kleine, sondern ziemlich große Lückenfüller kaufen. Zum Schluß müssen Sie die Hecke so weit wie möglich auf die Höhe der Jungpflanzen zurückschneiden. Bis von der Lücke gar nichts mehr zu sehen ist, das dauert allerdings einige Zeit.

Krankheiten und Schädlinge

Über Schädlinge braucht man sich bei Hecken kaum zu beklagen. Wahrscheinlich sorgen schon Igel und Vögel, die in Hecken ihren Unterschlupf haben, für ihre natürliche Reduzierung. Die meisten Schäden treten dadurch auf, daß Hecken im Winter erfrieren (dagegen hilft Wässern im Herbst) oder daß Nadelgehölze im Winter vertrocknen (auch hier hilft Gießen). Zwei Heckenarten aber haben besondere Probleme.

Thujahecken leiden oft unter Schildläusen, die ihr Wachstum erheblich beeinträchtigen. Erste Hilfe ist auch hier wieder gründliches Gießen – bei Trockenheit treten die Läuse eher auf. Sind es gar zu viele, müssen Sie zu einem Bekämpfungsmittel

1

2

3

Kranke Pflanzen, die in einer Hecke stehen, müssen herausgenommen werden (1). Lockern Sie den Boden, und mischen Sie die Erde mit Kompost oder Torfhumus (2). In die Lücke kommt eine neue Pflanze. Dann muß die Hecke auf die Höhe der Jungpflanze zurückgeschnitten werden (3).

greifen. Dann sollten Sie aber nicht die ganze Hecke von oben bis unten spritzen, sondern das Mittel in der Kanne auflösen und direkt an den Fuß der Pflanze gießen. Hinterher müssen Sie die Kanne gründlich saubermachen.

Hainbuchen bekommen manchmal braune Ränder an den Blättern, wenn die Sonne zu stark scheint oder wenn sie zuviel gedüngt werden. Bei solchen Schäden brauchen Sie gar nichts zu tun, nur zu warten. Denn davon sind immer nur die diesjährigen Blätter, aber nicht die Blattknospen fürs nächste Jahr betroffen. Nach einem halben Jahr, wenn die Pflanzen im Frühjahr wieder neu austreiben, sieht die Hecke wieder genauso schön aus wie zuvor.

Pflanz- und Pflegetermine

Hier finden Sie die üblichen Termine für Heckenarbeiten. Sie können sich allerdings auch einmal verschieben: zum Beispiel wenn Vögel in der Hecke nisten und Sie deshalb erst später schneiden können.

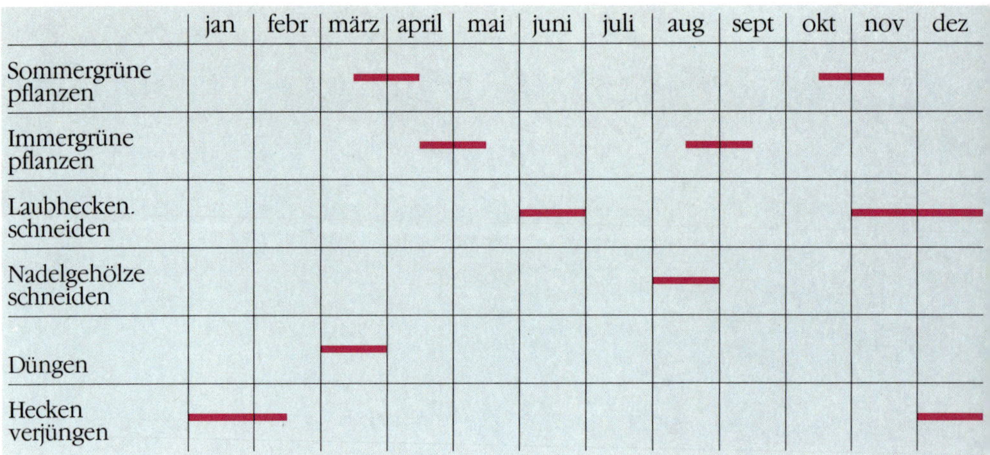

Hecken für jeden Geschmack

Bei einer Hecke müssen Sie sich zunächst für eine freiwachsende oder eine Schnitthecke entscheiden. Bei der Schnitthecke können Sie dann noch zwischen einer sommer- oder einer immergrünen wählen. Erst danach sind Wuchshöhe, Schönheit, Preis und andere Details wichtig.

Sträucher für freiwachsende Hecken

Name	Höhe (m)	Besonderheiten
Deutzie (Deutzia)	1–2	blüht im Mai
Duftjasmin (Philadelphus)	1–4	duftende, weiße Blüten
Feuerdorn (Pyracantha coccinea)	2–3	manchmal immergrün
Heckenkirsche (Lonicera tatarica)	1–2	giftige Früchte
Japanquitte (Chaenomeles japonica)	1–1,5	sehr anspruchslos
Kornelkirsche (Cornus mas)	2–4	zartgelbe Blüten im Frühjahr
Sanddorn (Hippophae rhamnoides)	–5	wuchert oft
Zaunrose (Rosa rugosa)	1,5–2	schöne rosarote Blüten

Sommergrüne Schnitthecken

Name	Höhe (m)	Besonderheiten
Berberitze (Berberis thunbergii)	1–1,3	wächst überall
Feldahorn (Acer campestre)	1–3	braucht Sonne
Forsythie (Forsythia)	1–2	nur aufrechtwachsend. Arten
Hainbuche (Carpinus betulus)	1,2–4	wird sehr dicht
Lärche (Larix kaempferi)	1,5–4	hohe Luftfeuchtigkeit
Rotbuche (Fagus sylvatica)	1,5–4	kalkhaltiger Lehmboden
Weißdorn (Crataegus)	1,5–3	weiße Blüten
Zierquitte (Chaenomeles)	0,3–1,5	rote Blüten, Früchte

Immergrüne Schnitthecken

Name	Höhe (m)	Besonderheiten
Buchsbaum (Buxus sempervirens)	0,5–1	für niedrige Einfassungen
Douglasie (Pseudotsuga menziesii)	1,5–4	anspruchslos
Eibe (Taxus baccata)	1–3	wächst auch auf Kalkboden
Heckenkirsche (Lonicera pileata)	0,5–1	giftige Früchte
Lebensbaum (Thuja occidentalis)	1–3	sandig-lehmig-feuchter Boden
Liguster (Ligustrum ovalifolium)	1–2,5	wächst schnell
Rotfichte (Picea abies)	1,5–3	wird sehr breit
Scheinzypresse (Chamaecyparis)	1,5–4	sandig-lehmig-feuchter Boden

9. STRÄUCHER

Rhododendron gehört zu den Sträuchern, die auch mit einem halbschattigen, manche sogar mit einem schattigen Platz zufrieden sind.

Sträucher sind eine Zierde des Gartens, die einen durch ihre duftenden Blüten, die anderen durch ihr farbenprächtiges Laub oder durch bunte Beeren. Natürlich haben sie auch noch praktische Aufgaben: Sträucher sind Wind-, Sicht- und Lärmschutz, sie unterteilen den Garten, trennen das Gemüsebeet vom Rasen oder den Spielplatz von der Terrasse.

Bei den Sträuchern unterscheidet man, wie bei Hecken und Bäumen, zwischen immergrünen und solchen, die im Herbst ihr Laub verlieren.

Immergrüne gibt es sowohl mit Blättern, wie den robusten Buchsbaum und viele Rhododendron-Arten, es gibt sie als Nadelgehölz, wie den Wacholder, der auch an trockenen Stellen gut wächst, und sogar solche, die bei Eis und Schnee nicht nur noch Blätter haben, sondern sogar Blüten bekommen, wie einige Seidelbast- und Mahonien-Arten. Solche wintergrünen Sträucher setzt man am besten in die Nähe der Fenster, damit ihr Anblick auch im Winter Freude bereiten kann. Aufs ganze Jahr gesehen sind Immergrüne allerdings leicht ein wenig langweilig, weil sich bei ihnen relativ wenig verändert. Deshalb sollte man einen Garten nie nur mit wintergrünen Sträuchern bepflanzen.

Bei den laubabwerfenden dagegen sprießen im Frühjahr zuerst die jungen Blätter, dann bekommen sie Blüten, haben im Sommer sattgrünes Laub, das sich bei einigen im Herbst prachtvoll rot oder gelb färbt, manche Arten tragen Beeren, manche zeigen selbst im Winter noch eine schöngefärbte Rinde.

Ist Ihr Garten groß genug, dann kann er zu jeder Jahreszeit blühen. Bei einem kleineren Garten setzen Sie besser ein paar Blütenschwerpunkte: fürs Frühjahr einige blütenübersäte Forsythien, für den Frühsommer Schneeball und Spiräen, die auch aus einiger Entfernung wirken, für den Hochsommer Hortensien oder Buddlejen, die Schmetterlinge anziehen. Besonders schönes Herbstlaub bekommen der Blumen-Hartriegel, der Perückenstrauch und das Pfaffenhütchen.

Einkaufstips

Sträucher gehören nicht zu den ganz billigen Gartenpflanzen. Ehe Sie also aufs Geratewohl einkaufen gehen, sollten Sie sich deshalb einen Pflanzplan machen, vor allem, wenn Sie einen Garten neu bepflanzen. Zeichnen Sie auf Millimeterpapier den Grundriß Ihres Gartens auf, und tragen Sie als Kreis ein, wo welche Sträucher stehen sollen. Bei der Berücksichtigung der nötigen Abstände hilft Ihnen ein guter Pflanzenkatalog, in dem solche Maße angegeben sind. Wenn Sie dann beim Zusammenzählen feststellen, daß alle Sträu-

Elfenbeinginster (Cytisus praecox) steht in vielen Gärten. Im Laufe der Jahre wird er ein hoher, ausladender Busch.

cher auf einmal zu teuer werden, kaufen Sie pro Jahr jeweils einige und füllen die Lücken dazwischen solange mit Sommerblumen oder preiswerten Staudenarten.

Sträucher werden, wie andere Gehölze auch, mit losen Wurzeln, mit Wurzelballen oder als sogenannte Containerware verkauft. Ohne Ballen werden hauptsächlich einfache, sommergrüne Sträucher verkauft, die relativ problemlos anwachsen. Empfindliche Koniferen, also Nadelgehölze, und Immergrüne wachsen besser an, wenn sie mit Wurzelballen geliefert werden. Containerpflanzen schließlich, Sträucher, die im Topf gezogen wurden, kann man zu fast jeder Jahreszeit einsetzen. Sie sind aber teurer als andere Sträucher.

Sparen können Sie, wenn Sie statt großer Sträucher zwei- bis dreijährige Jungpflanzen kaufen. Sie sind nicht nur preiswerter, sondern wachsen in der neuen Umgebung auch besser an.

Pflanzzeit und Pflanzort

Ende Oktober, Anfang November, wenn alle Blätter abgefallen sind, können Sie damit anfangen, sommergrüne Sträucher zu pflanzen. Theoretisch können Sie den ganzen Winter und das Frühjahr hindurch pflanzen, bis Ende April. Vor Winterbeginn aber wachsen die Sträucher besser an, es sei denn, Sie wohnen in einer extrem kalten Gegend. Dann pflanzen Sie besser im Frühjahr.

Andere Zeiten gelten für immergrüne Sträucher und Nadelgehölze. Sie kommen entweder Ende April in die Erde, kurz bevor sie austreiben, oder Ende August, nach Triebende.

Können Sie Sträucher aus irgendwelchen Gründen nicht dann pflanzen, wenn sie geliefert werden, sollten sie niemals einfach im Garten liegenbleiben. Keine Probleme gibt es bei Containerpflanzen. Sie können Tage, aber auch Wochen an einem windgeschützten, schattigen Ort stehenbleiben, wenn sie nur gegossen werden. Andere Sträucher müssen Sie „einschlagen“, das heißt, in einen provisorisch ausgehobenen Graben legen und mit Erde bedecken.

Die meisten Blütensträucher lieben einen Sonnenplatz. Es gibt aber auch einige, die mit einem halbschattigen oder sogar schattigen Standort zufrieden sind (siehe auch Seite 139). Wichtig ist, daß die Sträucher genug Platz haben, auch noch nach Jahren, wenn sie ausgewachsen sind. Es wäre schade, wenn Sie Sträucher herausnehmen und wegwerfen müßten, nur weil sie zu dicht stehen. Erkundigen Sie sich deshalb in der Baumschule nach den Breiten der ausgewachsenen Gehölze. Als Faustregel können Sie von folgenden Zahlen ausgehen: Niedrige, langsamwachsende Sträucher brauchen einen Meter Abstand, höhere zwei bis drei Meter, baumartige Sträucher noch mehr. Nur wenn die Sträucher als Art Hecke, als Sichtschutz, stehen, setzt man sie etwas dichter.

Der übliche, gut vorbereitete Gartenboden ist für die meisten Sträucher ideal. Sogenannte Moorbeetpflanzen allerdings, wie der Rhododendron, lieben eine saure Erde. Saurer wird Ihr Boden zum Beispiel, wenn Sie Düngetorf untermischen (siehe auch Seite 14). Allerdings sollten Sie dort dann wirklich nur solche Pflanzen hinsetzen, die mit diesem Boden glücklich sind.

So wird gepflanzt

Haben Sie Sträucher beim Versandhandel bestellt, kommen sie meist in Plastikfolie verschnürt an. So verpackt können sie ein, zwei Tage – meist wird ja am Wochenende gepflanzt – in einem frostfreien Raum liegenbleiben. Holen Sie Sträucher selbst ab, sollten Sie das erst am Morgen des Pflanztages, frühestens am Nachmittag vorher machen.

Die erste Arbeit beim Pflanzen ist das gründliche Wässern der Gehölze. Solche mit losen Wurzeln werden mehrere Stunden lang, solche mit Wurzelballen etwa 30 Minuten in Wasser gestellt, so daß sie sich vollsaugen können.

In der Zwischenzeit können Sie das Pflanzloch vorbereiten. Es sollte etwa eineinhalb mal so groß sein wie der Wurzelballen. In Zahlen ausgedrückt heißt das, bei einem Wurzelballen mit 40 cm Durchmesser muß das Loch einen Durchmesser von etwa 60 cm haben. Bei Sträuchern mit losem Wurzelwerk breiten Sie vorher die Wurzeln auf dem Boden aus und messen nach. Die Tiefe des Pflanzloches muß etwa der Höhe des Ballens + 20 cm entsprechen. Bei den meisten Sträuchern heißt das, daß Sie die Erde etwa zwei Spaten tief ausheben müssen. Dabei dürfen Sie die obere und untere Erdschicht nicht verwechseln. Am besten schichten Sie je einen Haufen rechts und einen links der Pflanzgrube auf.

Nun wird der Boden des Loches mit einer Gabel gründlich gelockert. Das ist besonders wichtig, weil sonst an diesem Übergang von der lockeren zur festen Erde leicht Wasser stehenbleibt und die Pflanze dann nasse Füße bekommt. In die Grube können Sie einige Schaufeln feuchten Torf oder Kompost füllen. Auch die ausgehobene Erde wird mit Kompost oder Torfmull vermischt, und zwar im Verhältnis 2 : 1, also auf zwei Teile Erde kommt ein Teil organisches Material. Auf diese Art sollten Sie jeden, auch einen relativ guten Gartenboden verbessern; dann wachsen die Pflanzen besser an.

Haben die Sträucher lange genug im Wasser gestanden, geht es ans Vorbereiten der Pflanzung. Bei solchen mit losem Wurzelwerk werden abgeknickte oder krank aussehende Wurzeln abgeschnitten. Gesunde Wurzeln dagegen bleiben so, wie sie sind – es sei denn, sie sind besonders lang. Dann kann man sie etwas kürzen, damit das Pflanzen einfacher wird. Containerpflanzen werden aus dem Topf genommen. Löst sich die Erde schlecht vom Rand, schneiden Sie den Plastiktopf mit einem scharfen Messer auf. Ballensträucher, die in ein Jutegewebe verpackt sind, kom-

Wenn Sie das Pflanzloch ausgehoben haben, wird die Sohle gut gelockert (1) und die ausgehobene Erde mit Kompost vermischt. Bei Sträuchern mit freiliegenden Wurzeln werden geknickte Wurzeln abgeschnitten (2), Containersträucher werden nur aus dem Topf genommen und eingesetzt (3). Ist die Pflanzgrube zur Hälfte mit Erde gefüllt, wird gründlich gegossen (4). Dann folgt die restliche Erde. Gut antreten (5), aber darauf achten, daß der Strauch dabei geradebleibt. Zum Schluß einen Gießrand formen und kräftig gießen (6).

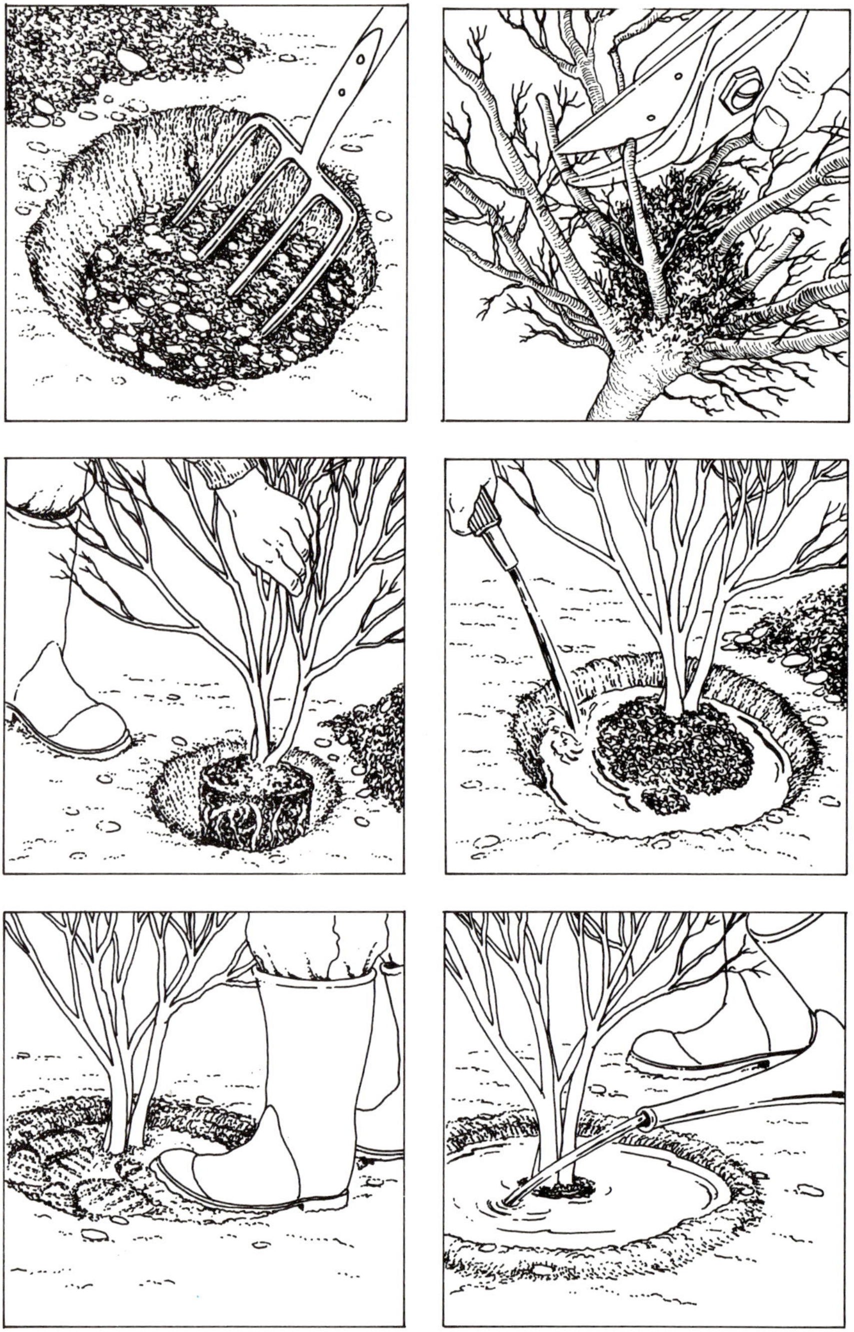

1 2 3 4 5 6

men so, ohne jede Veränderung, in die Erde. Ist der Wurzelballen allerdings in Kunststoff-Folie verpackt, muß diese vorher abgenommen werden, da sie nicht, wie das Jutegewebe, im Boden verrottet. Achten Sie aber darauf, daß der Ballen dabei unbeschädigt bleibt.

Nun wird der Strauch in die Pflanzgrube gesetzt, und zwar so tief, wie er in der Baumschule gestanden hat. Bei Pflanzen mit Wurzelballen oder im Container ist die „Markierung" dafür natürlich der obere Ballenabschluß. Ein bißchen schwieriger zu erkennen ist es bei Sträuchern mit losem Wurzelwerk, wie tief der Strauch vorher in der Erde war. Aber wenn Sie sich den Stamm genau anschauen, sehen Sie, daß der untere Teil, der in der Erde war, dunkler ist als der darüberliegende. Oft zeigen auch Erdreste am Stamm, wie tief die Pflanze saß. Einen kleinen Strauch, der zu tief sitzt, können Sie problemlos wieder herausnehmen. Bei größeren Sträuchern macht das schon mehr Mühe, vor allem, wenn sie einen schweren Wurzelballen haben. Da ist das vorhergehende Ausmessen des Ballens um so wichtiger.

Am besten pflanzen kann man zu zweit. Der eine hält den Strauch senkrecht, der andere füllt die Erde ein, zuerst, zwischen den Wurzeln, mit den Händen, dann mit der Schaufel. Achten Sie darauf, daß die Wurzeln im Pflanzloch schön gleichmäßig ausgebreitet und nicht geknickt sind. Beim Einfüllen der Erde müssen Sie Sträucher mit losen Wurzeln immer wieder leicht schütteln, damit die Erde auch wirklich zwischen die Wurzeln rutscht und keine Hohlräume bleiben.

Ist das Pflanzloch etwa zur Hälfte gefüllt, wird eingeschlämmt. Das bedeutet: sehr gründliches Gießen. Bei Sträuchern mit losen Wurzeln und bei Containerpflanzen wird anschließend die Erde bis oben aufgefüllt. Bei Sträuchern mit einem Jutetuch müssen Sie vorher das Tuch mit den Händen oder einer Schere öffnen, an den Seiten etwas herunterklappen und in der Erde ausbreiten. Erst dann wird die restliche Erde eingefüllt. Nun treten Sie die Erde ringsum mit den Füßen kräftig an – aber halten Sie den Strauch dabei fest, damit er nachher nicht schief steht. Meist entsteht dabei schon ganz von selbst ein Gießrand, sonst formen Sie ihn mit den Händen. Und dann wird noch einmal gründlich gegossen.

Eine Stütze brauchen nur besonders große Sträucher; die meisten kommen ohne aus. Die Stütze soll aber den Strauch nicht etwa senkrecht halten, sondern dafür sorgen, daß der Wind ihn nicht so hin- und herrüttelt, daß sich die feinen Wurzeln immer wieder lösen. Deshalb muß eine Stütze auch an der Strauchseite eingesetzt werden, von der der meiste Wind zu erwarten ist. (Bei uns ist das fast immer die Westseite.) Bei einem Strauch, der offene Wurzeln hat, wird der Pfahl zuerst in die Pflanzgrube gesetzt, dann erst der Strauch mit seinen Wurzeln darum ausgebreitet. Bei Containersträuchern oder solchen mit Wurzelballen kommt der Pfahl erst nach dem

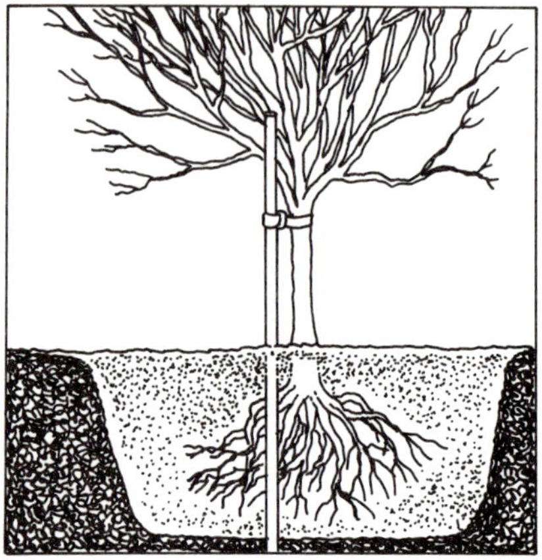

1

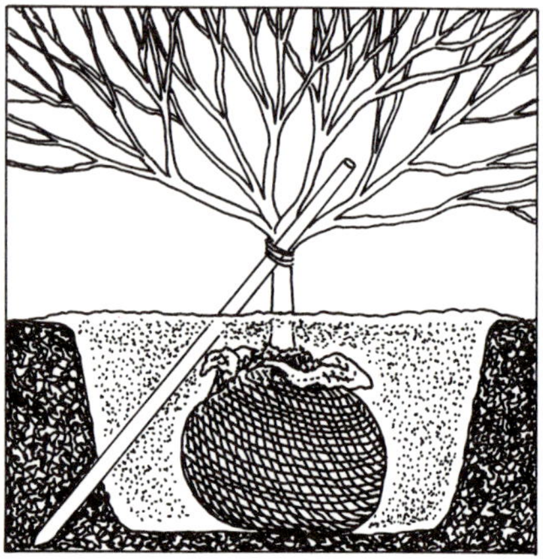

2

Größere Sträucher brauchen einen Stützpfahl. Bei Pflanzen mit freiliegenden Wurzeln wird er vor der Pflanze senkrecht ins Pflanzloch gesetzt (1), bei Ballensträuchern wird er nach dem Einpflanzen so schräg eingeschlagen, daß er den Ballen nicht berührt (2). Er verhindert, daß Wind die Wurzeln lockert.

Zufüllen des Loches in die Erde, aber nicht senkrecht, sondern schräg, damit der Ballen nicht beschädigt wird. Strauch und Pfahl werden mit Kokosstricken oder speziellen Baumbändern aneinandergebunden.

Kurze Zeit, nachdem Sie gepflanzt haben, sackt die Erde etwas zusammen – sie verdichtet sich. Die Vertiefung, die dadurch entsteht, füllen Sie am besten gleich mit Kompost, Grasschnitt, Lauberde oder anderem Mulchmaterial. Das ist ein idealer Schutz gegen Frost im Winter und gegen austrocknenden Wind im Frühjahr.

Die oberirdischen Triebe des Strauches werden bei einer Herbstpflanzung nicht beschnitten. Bei einer Frühjahrspflanzung dagegen kürzt man sie um etwa ein Drittel, damit der Strauch möglichst schnell kräftig von unten her austreibt.

Schneiden bei Bedarf

Einen regelmäßigen Schnitt, wie zum Beispiel eine Hecke, brauchen Sträucher nicht. Im Gegenteil, wenn sie genug Platz zum Wachsen haben und sich ausbreiten können, dann sollte man sie in den ersten Jahren in Ruhe lassen. Natürlich brauchen sie aber auch in dieser Zeit ein bißchen Pflege. Tote, kranke oder geknickte Zweige müssen herausgeschnitten werden, weil sich an solchen Stellen sonst leicht Infektionen bilden. Und bei frühblühenden Sträuchern, wie zum Beispiel beim Flieder, sollten verwelkte Blütenstände herausgebrochen werden. Einmal, weil sie einfach häßlich aussehen, zum anderen, weil der Strauch sonst zuviel Kraft in die Bildung von Samen steckt, die er besser dazu nutzen kann, schon Knospen fürs nächste Jahr vorzubilden.

Nach einigen Jahren allerdings werden viele Sträucher zu dicht: Die Triebe in der Mitte bekommen kein Licht mehr und verkahlen; oder einige Triebe sind schon so alt, daß sie nicht mehr schön blühen. Dann wird ein sogenannter Verjüngungsschnitt notwendig, der den Strauch dazu anregen soll, mehr neue Triebe und auch mehr Blüten zu bilden. Die beste Zeit für so einen Schnitt ist der Herbst, wenn das Laub gefallen ist. Theoretisch können Sie Sträucher an frostfreien Tagen im ganzen Winter schneiden, aber je früher Sie das tun, desto besser treibt der Strauch im nächsten Frühjahr aus.

Sträucher müssen Sie so beschneiden, daß ihre natürliche Wuchsform erhalten bleibt. Das heißt, es werden immer nur einzelne Triebe herausgenommen, und zwar werden sie direkt über dem Boden oder am Haupttrieb abgeschnitten. Junge Triebe sollten Sie ungeschoren lassen und nur älteres Holz herausnehmen, das nur noch wenig Blüten bekommt.

Das Alter erkennen Sie an der Rindenfarbe: Junge Triebe haben noch einen grünlichen oder rötlichen Schimmer, ältere sind immer dunkler, schließlich sogar grau oder schwarz. Einen solchen Auslichtungsschnitt können Sie jedes Jahr vornehmen, indem Sie einige wenige Triebe herausnehmen und den Strauch praktisch ununterbrochen verjüngen. Wer will, verbindet dabei das Nützliche mit dem Angenehmen und stellt die abgeschnittenen Triebe in die Vase ins warme Zimmer, wo sie

vorher

nachher

Ältere Sträucher, die in der Mitte zu dicht sind, müssen Sie auslichten. Dabei muß die natürliche Wuchsform des Strauches erhalten bleiben.

dann mitten im Winter Blätter oder sogar Blüten bekommen. Es genügt aber auch, wenn Sie Sträucher nur alle drei bis fünf Jahre auslichten, dafür dann aber entsprechend gründlicher.

Dann gibt es – als Ausnahme – noch einige Sträucher, die wie Rosen in jedem Frühjahr stark zurückgeschnitten werden. Dazu gehören Sommerflieder, Strauchverbene, alle

Spiersträucher, Tamarisken und noch einige andere. – Meist sind das Pflanzen, die im Winter vom Frost stark angegriffen werden und die nicht am alten Holz, sondern an den neuen Trieben eines Jahres blühen. Zunächst werden alle erfrorenen Triebe herausgenommen, dann die restlichen bis auf zwei oder drei Knospen zurückgeschnitten. Aus den Resten entwickeln sich schnell neue Triebe, die im Sommer Blüten bekommen.

Sträucher kann man übrigens in den meisten Fällen mit einer normalen Gartenschere beschneiden. Nur scharf sollte sie sein; gequetschte Schnittstellen machen eine Pflanze anfälliger für Krankheiten. Nur bei älteren Sträuchern mit stark verholzten Trieben spart eine Astschere Kräfte.

Sonstige Pflege

Gießen brauchen Sie Sträucher im allgemeinen nicht. Es sei denn, ein Sommer ist einmal so trocken, daß selbst die Gehölze zu welken beginnen. Eine Ausnahme machen nur junge Sträucher, die im Frühjahr gepflanzt werden. Sie brauchen in den ersten Wochen nach dem Einpflanzen noch regelmäßig Wasser. Das heißt, Sie sollten etwa einmal in der Woche kräftig gießen.

Gedüngt werden nur solche Sträucher, die in schlechtem Boden wachsen – oder die stark zurückgeschnitten wurden. Sie bekommen im Frühjahr eine Portion Volldünger. Streuen Sie den Dünger um den Strauch, hacken Sie ihn leicht ein, und gießen Sie anschließend gut.

Einen Strauch, den Sie verpflanzen müssen, graben Sie mit einem möglichst großen Erdballen aus, damit so wenig Wurzeln wie möglich beschädigt werden.

Sollte es einmal notwendig sein, einen älteren Strauch zu verpflanzen, geschieht das am besten in der Ruhezeit zwischen November und März – natürlich nur dann, wenn der Boden nicht gefroren ist.

Schätzen Sie ab, wie weit die Wurzeln des Strauches reichen, und graben Sie dann den Strauch mit einem entsprechenden Wurzelballen aus. Dazu müssen Sie zum Schluß mit dem Spaten unter die Wurzeln stechen und den Strauch so hochwuchten. Natürlich verliert ein Strauch dabei immer einige Wurzeln. Deshalb müssen auch seine Äste und Zweige gekürzt werden, damit ober- und unterirdischer Teil wieder im richtigen Verhältnis stehen. Dann wird er genauso eingepflanzt wie ein neuer Strauch (siehe Seite 132) und anschließend ganz gründlich gewässert. Nach etwa zwei Jahren hat er die alte Größe wieder erreicht.

In vielen Gärten ist der rotblättrige Fächerahorn (Acer palmatum 'Atropurpureum') mit seinen tiefeingeschnittenen Blättern zu finden.

Krankheiten und Schädlinge

Natürlich werden auch Sträucher gelegentlich krank, so wie alle anderen Pflanzen auch. Da kann gegen Pilze und tierische Schädlinge gespritzt werden, schon vorbeugend oder – umweltfreundlicher – erst, wenn die Schädlinge da sind. Beim Spritzen sollten Sie immer ganz genau die Anweisungen auf der Verpackung beachten. Spritzen Sie möglichst bei trockenem Wetter, aber nicht, wenn die Sonne scheint. Und spritzen Sie so, daß sowohl die Ober- als auch die Unterseiten der Blätter etwas abbekommen.

Sehr viel häufiger allerdings werden Sträucher krank, weil entweder schon beim Einpflanzen oder aber später etwas falsch gemacht wurde. Wenn ein frischgesetzter Strauch zum Beispiel nach drei bis vier Wochen braune Blätter bekommt, ist er nicht angewachsen. Dann müssen Sie ihn wieder ausgraben und die Erde noch einmal auflockern. Zusätzlich müssen Sie noch etwas Kompost oder Torf in das Pflanzloch geben. Dann den Strauch wieder einsetzen (wie auf Seite 133 beschrieben) und ganz gründlich wässern. Nach dem zweiten Einpflanzen werden die Triebe ein wenig zurückgeschnitten.

Im Frühjahr können Sie eine dicke Mulchdecke aus Kompost oder Torfmull um die Sträucher packen. Dann brauchen Sie kein Unkraut zu jäten, weniger zu gießen und zu düngen.

Pflanz- und Pflegetermine

Die Sträucher gehören mit zu den pflegeleichtesten Gartenpflanzen. Selbst die einzige regelmäßige Pflegearbeit, das Schneiden, ist nur alle paar Jahr fällig.

	jan	febr	märz	april	mai	juni	juli	aug	sept	okt	nov	dez
Sommergrüne pflanzen			▬	▬						▬	▬	
Immergrüne pflanzen				▬	▬			▬	▬			
Laubsträucher auslichten										▬	▬	▬

Blütensträucher für Sonne und Schatten

Sträucher sollten Sie nicht dorthin pflanzen, wo es Ihnen am besten gefällt, sondern an den Platz, der den Sträuchern zusagt. Das muß nicht immer ein Sonnenplatz sein, einige blühen auch im Halbschatten oder sogar im Schatten.

Sonne brauchen

Name	Höhe (m)	Blütezeit
Deutzie (Deutzia)	1–3	V–VI
Fingerkraut (Potentilla)	0,5–1	VI–IX
Flieder (Syringa)	3–4	V
Japanquitte (Chaenomeles)	1–2	III–IV
Robinie (Robinia hispida)	1,5–2	VI, IX
Roseneibisch (Hibiscus syriacus)	1,5–2	VIII–IX
Schneeball (Viburnum)	2–3	V–VI
Sommerflieder (Buddleja)	2–2,5	VII–X
Winterblume (Chimonanthus praecox)	1,5–2	II–III
Zierapfel (Malus)	3–5	IV–V

Im Halbschatten wachsen:

Name	Höhe (m)	Blütezeit
Forsythie (Forsythia)	2–2,5	IV–V
Goldregen (Laburnum)	3–5	V–VI
Kolkwitzie (Kolkwitzia anabilis)	1,5–2	V–VI
Rhododendron	2–3	V–VI
Spierstrauch (Spiraea)	1–2	V–VI
Sternmagnolie (Magnolia stellata)	2–3	III–IV
Tamariske (Tamarix)	3–5	VIII–IX
Weigelie (Weigela)	2–2,5	V–VII
Zaubernuß (Hamamelis)	2–3	II–III
Zierkirsche (Prunus)	2–3	III–IV

Im Schatten blühen:

Name	Höhe (m)	Blütezeit
Heckenkirsche (Lonicera)	1,5–5	V–VIII
Johannisbeere (Ribes)	1–4	IV–V
Kirschlorbeer (Prunus laurocerasus)	1–3	V–VI, VIII–IX
Mahonie (Mahonia)	0,5–1	IV–V
Pfeifenstrauch/ Jasmin (Philadelphus)	2–4	V–VII
Ranunkelstrauch (Kerria)	1,5–2	V–VI, VIII–IX
Scheinbeere (Gaultheria)	0,5	V–VII
Scheineller (Clethra)	2–3	VII–IX
Seidelbast (Daphne)	1,5	III–IV

In den Herbstwochen, wenn er sein buntgefärbtes Laub trägt, ist der kleine Fächerahorn (Acer palmatum) besonders schön.

10.
BÄUME

Ein Baum, ein Hausbaum sozusagen, gehört einfach in jeden Garten. Denn nichts macht stolzer als so ein kleines Bäumchen, das im Laufe der Jahre zu seiner vollen Größe heranwächst, der Mittelpunkt des Gartens ist, Schattenspender für alle, Kletterbaum für die Kinder. Pflege braucht ein Baum kaum – es sei denn, Sie pflanzen einen Obstbaum.

Wenn Sie nur Platz für einen oder zwei Bäume im Garten haben, wird die Entscheidung schwierig. Denn Bäume gibt es in vielen Variationen: Laubbäume mit malerisch herabhängenden Zweigen, mit duftenden Blüten im Frühjahr, bunten Blättern im Herbst; immergrüne Nadelbäume mit ihren schönen Formen; Obst- und Nußbäume mit ihrem greifbaren Nutzen. Bei der endgültigen Wahl sollten Sie Ihren zukünftigen Baum von allen Seiten betrachten, nicht nur unter einem Gesichtspunkt. Denn die Bäume mit der schönsten Blüte zum Beispiel, sind oft nur drei Wochen im Jahr schön. Und die am schnellsten wachsen, haben oft so weitgreifende Wurzeln, daß im näheren Umkreis nichts anderes mehr gedeiht.

Die erste Auswahl sollten Sie zwischen den sommergrünen und den immergrünen Bäumen treffen, genau wie bei Hecken und Sträuchern. In unseren Breitengraden sind die meisten Koniferen immergrün (Ausnahme zum Beispiel die Lärche) und die meisten Laubbäume sommergrün (Ausnahme zum Beispiel die Stechpalme).

Laubbäume spenden im Sommer kühlen Schatten, in ihren Zweigen fühlen sich Vögel wohl. Sie können genausogut einzeln wie in der Gruppe stehen. Zu den bekanntesten Gartenvertretern dieser Gruppe zählen der Ahorn mit seiner oft auffallend weißgestreiften Rinde, die Eberesche mit den roten Beeren und die Birke mit ihrem silbrigen Stamm und der lockeren Krone.

Koniferen werden zwar auch als Immergrüne bezeichnet, besitzen jedoch Nadeln in allen Farbschattierungen, von Schwarzgrün bis Silberblau. Viele von ihnen haben eine so auffallende Form oder Farbe, daß sie einen Einzelplatz brauchen. Für den Hausgarten eignen sich besonders gut die anspruchslosen Fichtenarten, die langsamwachsende Eibe und die industriefeste Kiefer.

Konifere bedeutet übrigens „Zapfenträger", wird aber heute für alle Nadelgehölze benutzt, auch wenn sie keine Zapfen tragen.

Ein Obstbaum schließlich lohnt sich im kleinsten Garten. Zwar braucht er im Vergleich zu den anderen Bäumen recht viel Pflege, doch dafür können Sie nach einigen Jahren ernten. Am einfachsten haben Sie es, wenn sie robuste Sorten nehmen, statt Golden Delicious lieber einen Klarapfel, und auf Pfirsiche und

Halb Busch, halb Baum: Die Zierkirsche (Prunus) hat von jedem etwas. Es gibt viele verschiedene Arten mit weißen und rosa Blüten.

Aprikosen ganz verzichten. Es sei denn, Sie wohnen in einer Gegend, in der auch Wein gedeiht. Beim Obst muß man unterscheiden zwischen selbstbefruchtenden und selbstunfruchtbaren Arten. Die ersten bestäuben sich mit dem eigenen Blütenstaub – Sie können daher einen einzelnen Baum in Ihren Garten setzen. Dazu gehören Schattenmorelle, Walnuß, Quitte, Pfirsich, Aprikose und viele Pflaumen- und Zwetschgensorten. Die Bäume der zweiten Gruppe brauchen immer einen Partner zur Bestäubung. Äpfel, Birnen, Süßkirschen und Haselnuß sind solche selbstunfruchtbaren Bäume. Das heißt, wenn dicht dabei im Nachbargarten nicht zufällig ein entsprechendes Gegenstück steht, müssen Sie zwei verschiedene und aufeinander abgestimmte Apfelbäume, Süßkirschen oder Haselnußbäume pflanzen. Lassen Sie sich bei einer Obstbaumschule beraten.

Schließlich spielt für die Baumwahl auch der Standort eine Rolle. Suchen Sie Bäume für die Grundstücksgrenze, dann sind solche mit einer dichten Krone wie ein Bergahorn, eine Eiche oder auch dunkle Nadelbäume wie Tannen und Fichten gut geeignet. Im Gartenvordergrund sollten eher luftige Arten wie Birken oder Zedern stehen. Im Vorgarten ist ein kleiner Essigbaum immer angebrachter als eine weit ausladende Roßkastanie. Wie Sie aber verschiedene Bäume kombinieren, ob Sie schlanke mit Kugeln mischen, Frühjahrsblüher neben solche mit schönem Herbstlaub setzen, das ist Geschmackssache.

Einkaufstips

Der Baum ist das teuerste Stück im Garten. Deshalb sollten Sie sich den Hausbaum Ihrer Wahl vor dem Kauf genau anschauen, bei Bekannten, im Park, im Schaugarten einer Baumschule. Suchen Sie sich dazu eine ganz normale Jahreszeit aus, nicht die Wochen mit der traumhaften Blüte oder dem schönen Herbstlaub. Wenn er Ihnen dann immer noch gefällt, können Sie fast sicher sein, daß es auch in Zukunft so bleibt. Ganz wichtig ist auch die zukünftige Größe eines Baumes. Schon mancher hat sich gewundert, wenn aus dem zierlichen Stämmchen in kurzer Zeit ein Riese wurde, der alles in den Schatten stellt, vielleicht sogar gerodet werden muß, weil sich der Nachbar beschwert.

Wenn Sie Obstbäume kaufen, sollten Sie darauf achten, daß sie ein Etikett des Bundes deutscher Baumschulen haben (BdB). Dann besitzen Sie eine Garantie für gute Qualität, vor allem aber für die Sortenechtheit. In einer guten Baumschule wird man Sie auch beraten, welche Sorten sich in Ihrer Gegend besonders bewährt haben und auf welche Sie lieber verzichten sollten.

Oft hängt ein zweites Etikett an Gehölzen, auf dem zum Beispiel folgendes vermerkt ist: 2 × v 8–10 H oB. Das bedeutet, daß der Baum 2x verpflanzt wurde, 8–10 cm Stammumfang hat, ein Hochstamm ohne Ballen ist.

Bäume können Sie mit freiliegenden Wurzeln, als sogenannte Bal-

Die meisten Fichten streben in die Höhe. Diese dagegen (Picea 'Inversa') bleibt niedrig und hängt, so daß Äste den Boden berühren.

lenware oder als Containerpflanze kaufen. Am billigsten – allerdings immer noch teuer genug – sind Bäume mit freiliegenden Wurzeln. Sie müssen besonders sorgfältig eingepflanzt werden, damit sie ohne Probleme anwachsen. Heute werden fast nur noch Obstbäume mit freien Wurzeln verkauft, alle anderen Bäume als Ballen- oder Containerware. Das ist zwar teurer, sie sind dafür aber praktisch anwachssicher. Als Ballenware bezeichnet man einen Baum, der einen Wurzelballen mit Erde besitzt, eingewickelt in ein Jutegewebe oder in Folie. Containerpflanzen, die teuersten, werden im Plastiktopf herangezogen. Sie besitzen nicht nur die gleiche Anwachsgarantie wie Ballenware, sondern machen Sie unabhängig von Jahreszeit und Wetter: Containerpflanzen kann man jederzeit einsetzen, wenn die Erde nicht gerade gefroren ist.

Was die Größe eines neuen Baumes betrifft, so kaufen Sie am besten jüngere Bäume, die noch keine zwei Meter hoch sind. Nicht nur des Preises wegen – sie lassen sich auch beim Pflanzen besser handhaben.

Spezialgeräte für Baumbesitzer

Wenn Sie einen Baum in Ihren Garten setzen, brauchen Sie weder fürs Pflanzen noch für die Pflege der ersten Jahre besondere Geräte. Spaten, Grabgabel, Gartenschlauch reichen völlig aus. Anders sieht es aus, wenn Ihr Baum eine gewisse Höhe erreicht hat oder Sie einen größeren Baum in einem Garten übernehmen. Da müssen dann gelegentlich Zweige und Äste entfernt werden, die krank sind, vom Sturm angebrochen wurden oder einfach in Nachbars Garten hängen. Für diese Arbeiten gibt es spezielle Astscheren für dünnere und Baumsägen für dickere Äste. Beides sind Geräte mit extralangen Handgriffen, so daß Sie einen großen Teil der Arbeit ohne Leiter erledigen können. Die Baumsäge sollte ein verstellbares Sägeblatt mit möglichst feinen Zähnchen haben. Ein notwendiges Übel ist schließlich noch ein Spritzgerät, wenn Sie Obstbäume im Garten haben. Aber auch die Spritze brauchen Sie in den ersten Jahren noch nicht und später auch nur dann, wenn sich wirklich so viele Schädlinge einstellen, daß sie zu einer Plage werden.

Zeit zum Pflanzen

Die Pflanzzeit eines Baumes ist von zwei Dingen abhängig: von der Art des Baumes und von der Art der Wurzelverpackung. Bäume mit freiliegenden Wurzeln, aber auch solche mit Wurzelballen dürfen immer nur während ihrer Wachstumspause gepflanzt werden. Containerpflanzen dagegen kann man das ganze Jahr über einsetzen, sogar dann, wenn ein Baum in voller Blüte steht.

Aber auch die verschiedenen Baumarten haben unterschiedliche Pflanzzeiten. Alle immergrünen Gewächse, sowohl Nadelgehölze als auch immergrüne Laubbäume, pflanzt man entweder im Hoch- oder Spätsommer, im August/September, wenn sie nicht mehr treiben, oder aber Ende April/Anfang Mai, bevor sie wieder anfangen zu treiben. Ideal ist die zweite Sommerhälfte, weil da der Boden noch warm, die Luft aber schon feucht ist: Bis zum Winter sind dann die Bäume schon fest eingewurzelt. Kommen Immergrüne dagegen erst im Spätherbst in die Erde, überstehen sie den ersten Winter oft nicht. Mit ihren Nadeln oder immergrünen Blättern sind sie nämlich auch im Winter auf Wasser und Nahrung angewiesen, die sie sich bei ungenügender Verwurzelung aber nicht in ausreichender Menge beschaffen können.

Bäume, die ihr Laub verlieren, pflanzt man während ihrer Vegetationsruhe ein, von Ende Oktober, nachdem die Blätter abgefallen sind, bis zum April. Allerdings wachsen die Bäume vor Winterbeginn besser an, da sie nicht gleichzeitig Kräfte in den Austrieb stecken, sondern wirklich eine lange Ruhepause vor sich haben. Ein paar Ausnahmen gibt es von dieser Regel: Akazien, Birken, Buchen, Ulmen und Weiden fühlen sich bei einer Frühjahrspflanzung wohler. Aber auch dann sollten Sie nicht zu lange warten. Je kräftiger die Sonne scheint, desto schneller können frischgepflanzte Bäume ohne genügend Wurzeln vertrocknen.

Wenn Sie Bäume bestellen, kann es manchmal vorkommen, daß sie zu einer pflanzungünstigen Zeit eintreffen, bei Dauerregen vielleicht oder einem unerwartet früh gefrorenen Boden. Dann sollten Sie die Gehölze lieber einschlagen, wie es der Gärtner nennt, statt sie zur schlechten Zeit zu pflanzen. Einschlagen heißt, daß Sie ein provisorisches Loch graben, den Baum leicht schräg hineinlegen und die Wurzeln mit Erde bedecken. Wenn er regelmäßig gegossen wird, kann er so einige Zeit überstehen. In einem solchen Fall sind Containerpflanzen auch wieder praktischer: Sie werden mit ihrem Topf einfach in eine geschützte Ecke gestellt und brauchen nur gegossen zu werden.

Beim Standort spricht der Nachbar mit

Bei der Standortwahl müssen Sie eine ganze Reihe von Punkten berücksichtigen. So mag ein kleines Bäumchen an der Terrasse in den ersten Jahren zwar vom Fenster aus einen hübschen Anblick bieten – nach einiger Zeit jedoch, wenn es zum Baum geworden ist, verdunkelt es Ihnen unter Umständen das ganze Zimmer. Andererseits kann man, bei geschickter Planung, eine ganz bestimmte Stelle, etwa einen Sitzplatz, immer angenehm schattig halten. Dazu müssen Sie wissen, aus welcher Richtung die Sonne scheint, und auch, wie hoch der Baum wird und wie groß seine Krone. Danach können Sie dann ungefähr berechnen, in welcher Richtung und welcher Entferung der Baum von diesem gewollten Schattenplatz stehen soll.

Dann sollte ein Baum nie so dicht am Haus stehen, daß seine Blätter die Regenrinne verstopfen, wenn sie im Herbst abfallen, oder seine Wurzeln an die Fundamente reichen.

Setzen Sie mehrere Bäume zur Gruppe zusammen, müssen Sie Abstand halten. Als Faustregel gilt: Der Abstand sollte so groß sein wie die Krone des ausgewachsenen Baumes. Denken Sie daran: Bäume lassen sich später kaum mehr verpflanzen.

Außerdem haben auch Ihr Nachbar und das Gesetz ein Wort beim Standort eines Baumes mitzureden. Im sogenannten Nachbarrecht sind bestimmte Mindestabstände festgelegt, die ein Baum von der Grundstücksgrenze entfernt stehen muß. Diese Abstände sind aber von Stadt zu Stadt verschieden. Exakte Angaben macht Ihnen Ihr Gartenbauamt oder die Gemeindeverwaltung Ihres Wohnortes. In der Regel müssen Sie etwa ein Drittel der späteren Baumhöhe als Grenzabstand einhalten. Dann gibt es noch ein Maß, das Sie sich merken müssen: Jeder Baum, der höher als zwei Meter wird, muß wenigstens zwei Meter Abstand halten. Es darf überhaupt kein Baum näher an der Grundstücksgrenze stehen, und sei er noch so klein. Es sei denn, Sie treffen mit Ihrem Nachbarn eine entsprechende Vereinbarung.

Schließlich müssen noch die Standortwünsche der Bäume selbst bedacht werden: Die meisten Blütengehölze wollen einen Sonnenplatz. Obstbäume brauchen viel Raum, sie dürfen nicht eng stehen. Die Erde muß nahrhaft und wasserdurchlässig sein. Koniferen gedeihen in einem etwas sandigen, humusreichen Boden am besten, gewöhnen sich aber an jeden normalen Gartenboden.

So wird gepflanzt

Bäume kaufen Sie oft als gut verschnürtes Paket mit zusammengebundenen Zweigen. Die Zweige sollten Sie auch erst nach dem Einpflanzen aufbinden, Sie können beim Pflanzen dann besser hantieren. Zunächst einmal brauchen die Bäume Wasser. Denn die Wurzeln dürfen auf keinen Fall angetrocknet sein. Da man ihnen aber nicht ansieht, ob sie trocken sind, sollten Sie sich bei allen Gehölzen das Wässern zur Regel machen. Pflanzen mit freiliegenden Wurzeln stellen Sie einige Stunden lang in ein Gefäß mit Wasser, solche mit Wurzelballen, die in kein Gefäß mehr passen, und Containerpflanzen werden gründlich überbraust. Dann kommen die Bäume bis zum endgültigen Einsetzen an einen schattigen, windgeschützten Platz. Dauert es noch einige Stunden, bis sie in die Erde kommen, decken Sie am besten nasse Tücher über die Wurzeln.

Nun heben Sie ein kreisförmiges Pflanzloch aus mit einem Durchmesser von rund einem Meter. Stecken Sie genau an die Stelle, an der Ihr Baum stehen soll, ein Stück Holz in die Erde, binden Sie eine etwa 50 cm lange Schnur daran und ans Ende der Schnur eine Handschaufel oder etwas Ähnliches. Damit markieren Sie einen Kreis, wie mit einem Zirkel.

1

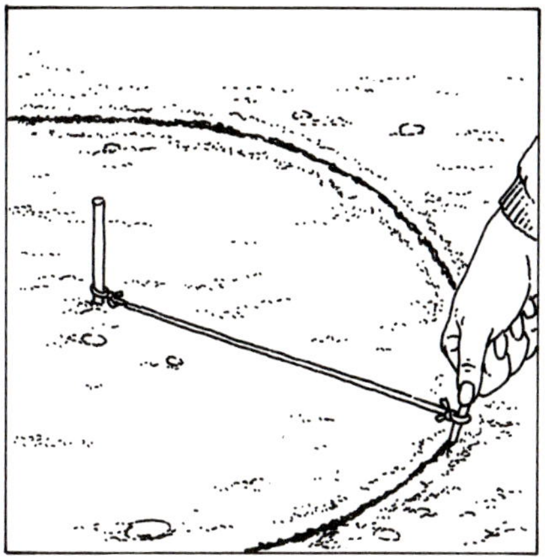

2

3

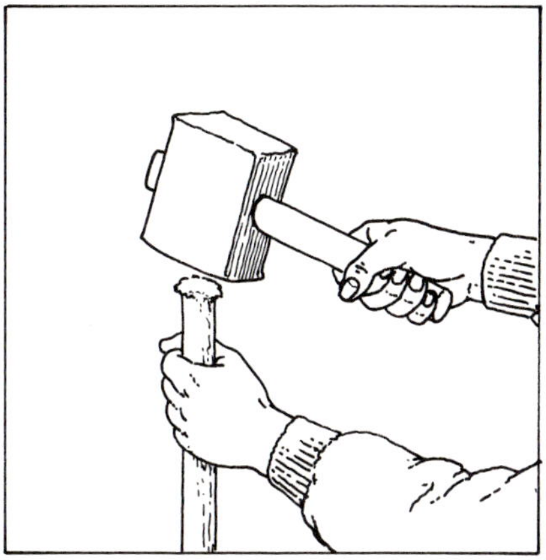

4

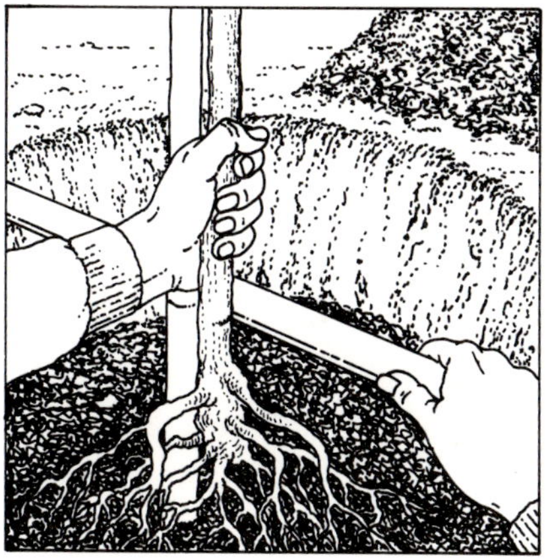

5

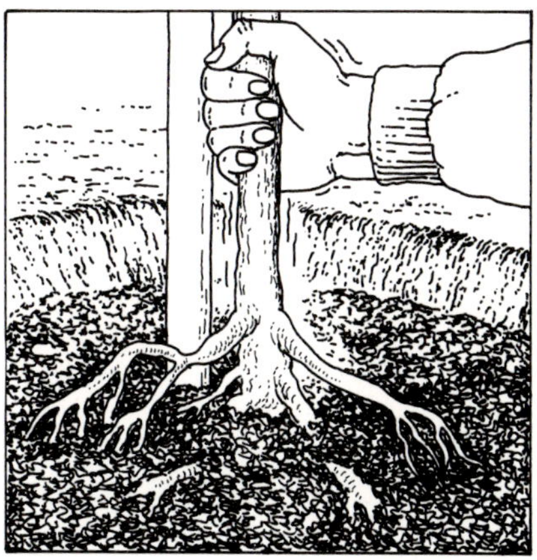

6

So wird gepflanzt: Zuerst markieren Sie mit einer Schnur die Pflanzgrube (1); sie muß so groß sein, daß keine Wurzeln geknickt werden. Der Grubenboden wird mit einer Grabgabel aufgelokkert (2), anschließend wird ein Stützpfahl in die Erde gerammt (3). Eine Latte hilft, den Baum nicht zu hoch und nicht zu tief zu setzen (4). Beim Einfüllen der Erde den Stamm leicht schütteln, damit sie zwischen die Wurzeln rutscht (5). Zum Schluß den Baum einschlämmen, Erde antreten, Baum und Pfahl mit einem Band verbinden (6).

(Am besten messen Sie vorher den Ballen aus oder breiten bei Bäumen ohne Ballen die Wurzeln auf dem Boden aus. So sehen Sie, welche Größe das Loch haben sollte.) Auch seine Tiefe richtet sich nach der Ballengröße. Gut einen halben Meter müssen Sie schon graben. Dabei dürfen Sie den kostbaren Mutterboden nicht mit den unteren Erdschichten vertauschen. Am besten packen Sie den Mutterboden auf die eine, den Unterboden auf die andere Seite des Pflanzloches. Sammeln Sie beim Ausgraben gleich Steine und Unkrautwurzeln aus der Erde. Lockern Sie den Boden der Pflanzgrube mit der Grabgabel auf. Wenn es ein sehr dichter Boden ist, etwa auf einer Baustelle, die jetzt erst zum Garten wird, sollten Sie auch die Seitenwände der Grube etwas lockern. Die ausgehobene Erde wird mit Kompost oder feuchtem Torf vermischt. Sie dürfen nie trockenen Torf nehmen, weil der sofort sämtliche Feuchtigkeit aufsaugt, so daß für die Baumwurzeln nicht mehr viel übrigbleibt.

Nun kann gepflanzt werden. Bei Bäumen ohne Wurzelballen müssen Sie zuerst abgeknickte oder tote Wurzeln mit einer scharfen Gartenschere abschneiden. Als nächstes kommt der Pfahl an die Reihe. Fast alle Bäume brauchen am Anfang eine Stütze, weil sonst, wenn der Stamm vom Wind immer wieder hin und her bewegt wird, die neu austreibenden feinen Wurzeln abgerissen werden. Benutzen Sie einen Pfahl aus Fichtenholz, aber ohne Imprägnierungsmittel, die den Wurzeln schaden können. Der Pfahl sollte so lang sein, daß er in der Pflanzgrube im Boden verankert werden kann und oben bis an die ersten Äste reicht.

Steckt der Pfahl in der Grube, legen Sie anschließend eine lange Latte über die Pflanzgrube. Denn meist sind die Löcher zu groß, als daß man die Höhe rechts und links noch richtig abschätzen könnte. Mit Hilfe der Latte aber können Sie die Erdhöhe am Pfahl markieren, ein Hilfsmittel, um den Baum genauso tief einzusetzen, wie er in der Baumschule gestanden hat. Die Baumschulhöhe erkennen Sie am Stamm, entweder an Erdresten oder an der Farbe: Der Teil des Stammes, der in der Erde war, ist dunkler als der darüberliegende Teil. Eventuell müssen Sie noch ein bißchen Erde in die Pflanzgrube füllen, damit diese Stelle am Baumstamm genau mit der Markierung am Pfahl übereinstimmt. Dann setzen Sie den Baum auf die Erde, und zwar so, daß sich der Pfahl an der Windseite – bei uns meist Westen – befindet. Breiten Sie die Wurzeln vorsichtig um den Pfahl, und füllen Sie die Erde ein, zunächst den Unterboden. Rütteln Sie den Baum zwischendurch, damit die Erde gut zwischen die Wurzeln rutscht. Aber achten Sie darauf, daß er geradestehen bleibt. Wenn die Pflanzgrube halb gefüllt ist, wird mit einem Schlauch gründlich gewässert. Anschließend müssen Sie den Baum wahrscheinlich noch einmal ausrichten, dann wird die restliche Erde, der Mutterboden, eingefüllt.

Bei einem Baum mit festem Wurzelballen sollten Sie die Pflanztiefe vorher ziemlich exakt ausmessen. Denn meist ist so ein Baum recht

Bei einem Baum mit Wurzelballen wird das Ballentuch erst dann geöffnet und zur Seite geschlagen, wenn das Loch bereits zur Hälfte mit Erde gefüllt ist.

schwer, vor allem dann, wenn man ihn wieder herauswuchten muß, weil er zu tief im Pflanzloch sitzt. Ein Ballentuch aus Jutegewebe brauchen Sie nicht abzunehmen. Die Wurzeln können ohne weiteres hindurchwachsen, und in der Erde zerfällt es nachher von allein. Hat Ihre Pflanzsohle die richtige Tiefe, setzen Sie den Wurzelballen hinein und füllen bis zu seiner halben Höhe Erde auf. Einschlämmen, das Ballentuch am Stamm öffnen und zur Seite breiten. Dann wird die restliche Erde darübergefüllt. Etwas anders sieht es aus, wenn der Ballen nicht in Jutegewebe, sondern in Plastikfolie oder Maschendraht gewickelt ist. Beides müssen Sie vorher abnehmen. Dabei müssen Sie aber vorsichtig sein, damit Ihnen der Ballen nicht auseinanderfällt.

Containerbäume werden im Prinzip genauso eingepflanzt, aber natürlich erst, nachdem Sie den Container abgezogen oder, falls das nicht geht, an einer Seite aufgeschlitzt und weggenommen haben.

Bei Containerbäumen und bei solchen mit Wurzelballen wird der Stützpfahl erst nachträglich in die Erde geschlagen. Damit aber dabei weder Ballen noch Wurzeln beschädigt werden, müssen Sie ihn schräg einschlagen.

Mit einem Plastikriemen, einem Kanvasgurt oder Kokosstrick wird der Baum am Pfahl festgebunden. Für empfindliche Rinden gibt es sogar Bänder mit Schaumstoffstreifen zu kaufen. Achten Sie darauf, daß Sie den Gurt immer am Pfahl befestigen und um den Baumstamm nur die Schlaufe legen. Sonst wird leicht die empfindliche Rinde angekratzt. Am Anfang darf der Gurt auch noch nicht ganz fest gezogen werden, weil die Erde und damit der Baum noch etwas tiefer rutschen. Der Gurt darf aber auch nicht lose liegen und im Wind scheuern! Später, wenn der Baum dicker wird, müssen Sie daran denken, den Gurt zu lockern.

Bäume, die von ihrer Höhe oder ihrer Form her dem Wind besonders ausgesetzt sind, werden nicht an einen einzigen Stützpfahl gebunden, sondern angepflockt, wie der Fachmann sagt. Das heißt, Sie müssen rund um den Baum, etwa einen Meter vom Stamm entfernt, drei Holzpflöcke schräg in den Boden schlagen, die durch Schnüre oder Drähte mit dem Baum verbunden werden. Damit die Drähte nicht in den Stamm schneiden, legen Sie ein Stück Leinen oder ähnliches um den Stamm. Etwa ein Jahr lang bleibt der

Bäume mit Wurzelballen oder Containergehölze werden mit einer Drahtverankerung oder einem schräg eingeschlagenen Pfahl gegen Winddruck gesichert.

Baum so angepflockt, danach kann die Verschnürung abgenommen werden, weil er fest genug verwurzelt ist.

Nach dem Anbinden folgen die Schlußarbeiten. Sie müssen die Erde gut antreten; dadurch entsteht meist schon von selbst eine Art Gießrand. Und nun gießen Sie gründlich, 20 Liter Wasser nach dem Einpflanzen braucht ein Baum! Anschließend können Sie die Pflanzfläche mit einer Mulchschicht, also mit Grasschnitt, Lauberde, feuchtem Torf, einige Zentimeter dick abdecken. Darunter bleibt der Boden schön feucht. Wenn er in den Wochen nach dem Einpflanzen abtrocknet, müssen Sie neu gießen.

Für Immergrüne ist eine hohe Luftfeuchtigkeit wichtig, damit ihre Nadeln und Blätter nicht zuviel Wasser verdunsten. Deshalb sollten Sie sie in der ersten Zeit nach dem Einpflanzen öfter mit dem feinen Schlauchstrahl abbrausen.

Wenn Sie einen ziemlich schlechten Boden haben, genügt es allerdings nicht, nur die Pflanzgrube zu verbessern. Das hätte zur Folge, daß Ihr Baum zwar ein bis zwei Jahre ausgezeichnet wächst, aber dann in die schlechteren Erdschichten vorstößt und nicht mehr damit zufrieden ist. Vor allem bei Obstbäumen, die wirklich einen guten Boden brauchen, sollten Sie sich deshalb die Mühe machen und die ganze künftige Baumscheibe bearbeiten. Baumscheibe nennt man die Fläche, die von der Baumkrone später einmal beschattet wird. Sie entspricht in etwa der Wurzelausdehnung. Den Kronendurchmesser des ausgewachsenen Baumes können Sie in der Baumschule erfragen oder im Katalog nachlesen. Graben Sie diese Fläche einen Spatenstich tief um, und arbeiten Sie einen Mischdünger (Phosphat, Kali und Kalk) mit ein.

Oft wird ein Baum in einen Rasen gepflanzt. Da stellt sich die Frage: Darf der Rasen bis an den Baum reichen oder muß, wie man es häufig sieht, rund um den Baum eine freie Fläche bleiben? Antwort: Bei einem frischgepflanzten, jungen Baum ist sie fast lebensnotwendig. Die vielen Graswurzeln können ihm sonst Wasser und Nahrung wegnehmen. Oft wird am Anfang sogar eine Art Gießrand eingearbeitet. Denn ein junger Baum muß bei Trockenheit wie eine Blume gegossen werden.

Nicht schneiden, sondern sägen

Beschnitten im eigentlichen Sinn wird ein Baum nicht. Wenn allerdings ein Ast anfängt, dürr zu werden, muß er abgesägt werden. Bei diesem Absägen sind ein paar Regeln zu beachten. Zunächst einmal muß der Schnitt immer durch gesundes Holz gehen, sonst vernarbt die Wunde nicht. Dann müssen Sie den Ast so dicht wie möglich am Stamm absägen. Ein Stumpf, der stehenbleibt, treibt nicht mehr aus, sondern verfault. Und schließlich dürfen Sie den Ast nicht einfach von oben her einsägen. Dann würde er unter seinem eigenen Gewicht abbrechen und ein Stück der Rinde mit vom Stamm reißen. Setzen Sie deshalb die Säge zuerst von unten her an, einige cm vom Stamm entfernt. Nachdem Sie den Ast halb durchtrennt haben, sägen Sie von oben weiter, so dicht am Stamm wie möglich. Die ausgefransten Ränder der Schnittfläche müssen Sie mit einem scharfen Messer glattschneiden und anschließend mit einem Wundverschlußmittel, meist mit säurefreiem Baumteer, zuschmieren. Würde man dieses Mittel nicht auftragen, käme es bald zu Sprüngen im Holz. Das allein wäre noch nicht schlimm. Aber in die Risse dringen nicht nur Schädlinge, sondern vor allem auch Wasser ein. Im Winter dann friert das Wasser, die Risse erweitern sich, das Holz wird morsch.

Wenn man einen besonders dicken Ast abnehmen muß, sägen Sie ihn am besten von der Spitze ausgehend in Teilen ab. Der letzte Stumpf wird dann wie oben beschrieben zuerst von unten nach oben, dann von oben nach unten abgesägt und die Fläche nachbehandelt.

An den Stellen, wo große Äste abgesägt wurden, wachsen manchmal dünne Triebe. Sie werden mit einer Gartenschere direkt am Stamm abgeschnitten. Auch Seitentriebe, die aus dem Stamm wachsen, werden abgeschnitten.

Gelegentlich kommt es vor, daß ein Ast so kräftig in eine bestimmte Richtung wächst, daß sich dadurch die ganze Baumkrone verformt, der Mittelpunkt einfach nicht mehr stimmt. Solche Äste werden nicht ganz abgesägt, sondern nur um etwa zwei Drittel ihrer Länge gekürzt. In diesem Fall müssen Sie direkt neben einem Seitentrieb sägen, so daß auch hier kein nutzloser Stumpf übrigbleibt.

Bei älteren Laubbäumen werden manchmal die Kronen zu dicht. Sie müssen dann ausgelichtet werden. Sägen Sie zuerst solche Äste heraus, die beschädigt sind. Dann werden schwachwachsende Zweige herausgenommen und schließlich am

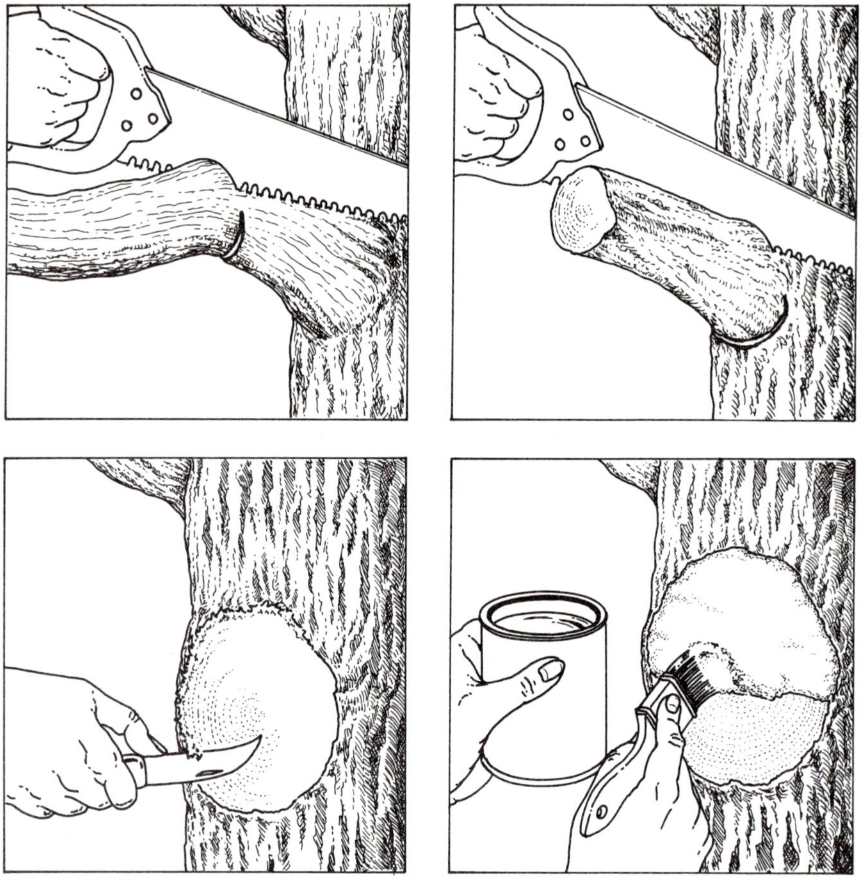

1 2 3 4

Einen schweren Ast sägen Sie in Einzelstücken ab, bis ein Stumpf von 30–40 cm übrigbleibt (1). Dieser Stumpf wird zuerst halb von unten, dann von oben eingesägt (2). Die Schnittränder mit einem Messer sauber nachschneiden (3), zum Schluß die Wunde mit Baumwachs bestreichen (4).

Hauptast eine ganze Reihe solcher Triebe abgeschnitten, die zur Mitte hin wachsen.

Bei Koniferen passiert es – aber nur selten –, daß sie plötzlich einen zweiten Haupttrieb bekommen. Dieser Nebenleittrieb, wie ihn der Fachmann nennt, muß dann dort abgesägt werden, wo er austreibt. Nur so behält der Baum seine Form.

Allerdings dürfen Sie Bäume nicht jederzeit beschneiden, sondern nur zur Zeit der Vegetationsruhe. Bei Laubbäumen ist das der Winter, zwischen November und Februar, Immergrüne werden im März/April beschnitten. Eine Ausnahme machen Birke und Ahorn. Sie sollten, wenn es notwendig ist, im November, spätestens im Dezember geschnitten werden. Bereits im Januar steigt bei ihnen „wieder der Saft", während die anderen Laubgehölze noch bis März/April eine Ruhepause einlegen.

Ein Kapitel für sich, und zwar ein ziemlich kompliziertes, ist der Obstbaumschnitt. Denn hier müssen alle Arten anders behandelt werden, selbst von Apfel zu Apfel gibt es Unterschiede. Wenn Sie als Garten-Anfänger ältere Obstbäume übernehmen, die nicht mehr richtig tragen wollen und deshalb beschnitten werden müssen, holen Sie sich am besten einen Gärtner, der sich auch mit Ihrem speziellen Boden und Klima auskennt und Ihnen während der ersten Jahre zeigt, wie gerade dieser Baum beschnitten wird.

Gießen, Düngen, Mulchen

Gießen brauchen Sie einen jungen Baum nur in den beiden ersten Jahren nach dem Einpflanzen, wenn es längere Zeit nicht regnet. Gießen ist allerdings nicht der richtige Ausdruck: Legen Sie einen Schlauch neben den Stamm, und lassen Sie das Wasser laufen. Sind die Bäume etwas älter, reichen ihre Wurzeln so weit in die Erde, daß sie auch in Trockenzeiten noch genug Feuchtigkeit aufspüren.

Immergrüne Gehölze vertrocknen in trockenen Wintern manchmal. Denn sie verdunsten auch dann mit ihren Nadeln oder Blättern Wasser, können aber aus dem gefrorenen Boden keinen Nachschub aufnehmen. Deshalb müssen Sie solche Bäume, wenn kein Schnee liegt, gelegentlich wässern.

Düngen müssen Sie hauptsächlich Obstbäume, da sie einen großen Nahrungsbedarf haben. Beginnen Sie im März, wenn die Bäume anfangen auszutreiben, geben Sie eine zweite Portion Dünger nach Beendigung der Blüte und eine dritte zwischen Mitte und Ende Juni. Damit der Dünger rasch zu den Wurzeln gelangt, bohren Sie im Bereich der Baumscheibe im Abstand von 50–60 cm etwa 30 cm tiefe Löcher in die Erde und füllen diese bis kurz unter den Rand mit einem Volldünger oder einem Spezial-Baumdünger. Zum Schluß werden die Löcher wieder mit Erde abgedeckt.

Andere Bäume zeigen Ihnen von selbst, daß im Boden keine Nahrungsreserven mehr sind: Dann bleiben die Blätter klein, verfärben sich frühzeitig oder fallen sogar ab.

Auf natürliche Art und Weise können Sie mit einer Mulchschicht düngen, die Sie im Herbst etwa 7–10 cm dick rund um den Baumstamm auftragen. Dazu eignet sich Grasschnitt, Lauberde, Kompost, organisches Material also. Diese Abdekkung hält im Winter die Erde warm und im Sommer kühl, unterdrückt Unkraut und läßt weniger Wasser verdunsten. Außerdem verrottet die Masse im Laufe der Zeit, es entsteht wertvoller Humus, der den Boden verbessert. Denselben Effekt haben abgefallene Nadeln und Blätter, die Sie ruhig liegenlassen sollten.

Krankheiten und Schädlinge

Richtig krank werden Bäume selten. Die meisten Schäden treten durch Nachlässigkeit der Gartenbesitzer auf. Wer verfaulte Äpfel den Winter über am Baum hängen läßt, darf sich nicht wundern, wenn dort Infektionsherde entstehen. Ein bemooster Stamm, lose Rindenstücke sind der ideale Unterschlupf für allerlei Insekten. Offene oder schlecht versorgte Wunden begünstigen Frostschäden.

Deshalb ist Vorsorge besonders wichtig. Vertrocknetes Holz wird – während der Ruhezeit – entfernt, so daß sich die Dürre nicht ausbreitet. Die Schnittwunden werden sorgfältig mit Baumwachs zugestrichen. Madige Kirschen und krankes Laub dürfen nicht unterm Baum liegenbleiben.

Im Winter, wenn im Garten sowieso nicht viel zu tun ist, sollten Sie auch einmal die Stämme älterer Bäume reinigen. Nehmen Sie eine Drahtbürste und einen Baumkratzer (Fachhandel), und kratzen Sie alles herunter, was an loser Rinde und abgestorbener Borke auf dem Stamm sitzt. Und lassen Sie die Reste nicht unter dem Baum liegen, sondern verbrennen Sie sie.

Frostschäden an Bäumen treten dann auf, wenn etwa ab Mitte Januar die Sonne am Mittag schon kräftig scheint, es in der Nacht aber genauso kräftig friert. Dann entstehen Spannungen im Holz, die Rinde kann abplatzen. Die Obstbauern schützen ihre Bäume davor mit einem Kalkanstrich, der die Sonne reflektiert und dadurch den Baumstamm vor allzu großer Erwärmung schützt. Dazu schüttet man in einen Eimer mit Wasser 3 kg gebrannten Kalk und eine Handvoll Kasein als Haftmittel. Die Masse wird gut umgerührt und mit einem Quast auf die Süd- und die Südwestseite der Bäume gestrichen. Im Laufe der nächsten Wochen wäscht der Regen die Lösung wieder ab. Noch weniger Arbeit macht es, wenn Sie einfach an die Südseite der Bäume ein Brett stellen.

Eine echte Plage sind drei Schädlinge, die hauptsächlich an Nadelbäumen auftreten. Die Sitkafichtenlaus saugt den Saft aus den Nadeln, die Zweige vertrocknen. Die Fichtengallenlaus sitzt im Frühjahr unter den Zweigen. Die Wollaus entdeckt man hauptsächlich an der Rinde und den jungen Trieben. Sie alle können, wenn nichts unternommen wird, ausgewachsene Bäume sterben lassen. In solchen Fällen bleibt Ihnen nichts anderes übrig, als im Fachhandel entsprechende Gegenmittel zu kaufen und die Bäume streng nach Anweisung damit zu spritzen.

Handelt es sich dagegen nur um Blattläuse, Milben oder kleine Raupen, sollten Sie vielleicht erst einmal Nistkästen für Vögel aufstellen. Wenn diese eingezogen sind, sorgen sie schon bald für eine Dezimierung der Schädlinge.

Pflanz- und Pflegetermine

Bäume sind nicht so pflegebedürftig wie andere Pflanzen im Garten. Trotzdem müssen Sie sich auch hier an bestimmte Termine halten.

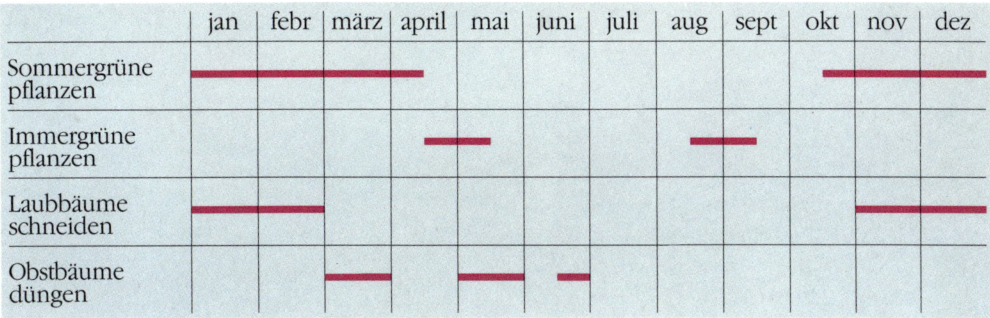

Bäume für kleine Gärten

Für einen großen Garten einen Baum zu finden, ist kein Problem. Für einen kleinen Reihenhausgarten dagegen ist die Auswahl schon sehr viel beschränkter. In der folgenden Tabelle finden Sie Bäume, die Ihnen nicht über den Kopf wachsen, die überall gepflanzt werden können und keine besonderen Ansprüche an den Boden stellen.

Name	Höhe	Breite der Krone	besonders schön im
Birke (Betula)	3–6	2–5	ständig
Feldahorn (Acer campestre)	2–6	3–4	Frühling, Herbst
Flieder (Syringa vulgaris)	1–5	1–4	Frühling
Goldregen (Laburnum anagyroides)	3–5	3–4	Sommer
Japanischer Ahorn (Acer palmatum)	2–6	3–4	Frühling, Herbst
Kanadische Felsenbirne (Amelanchier canadensis)	2–5	2–3	Frühling, Herbst
Lorbeerrose (Kalmia latifolia)	2–3	1–2	Frühling
Mandelbäumchen (Prunus triloba)	1–2	1	Frühling
Stechpalme (Ilex aquifolium)	2–3	1–2	immer
Zierapfel (Malus)	3–5	1–3	Sommer, Herbst

11.

NATÜRLICH GÄRTNERN

Ein Komposthaufen sollte bei keinem umweltbewußten Gärtner fehlen. Der richtige Platz ist eine schattige Ecke am Ende des Gartens.

Zurück zur Natur – dieser Satz gilt für immer mehr Gartenbesitzer. Sie versuchen, soweit wie möglich auf Chemie zu verzichten, unsere Umwelt so wenig wie möglich zu belasten. Wenn Sie sich dieser Art des Gärtnerns anschließen wollen, werden Sie bald feststellen, daß Sie nicht nur Geld, sondern auch Zeit sparen. Denn die Natur arbeitet dann für Sie mit.

In diesem Buch haben Sie immer wieder gelesen, daß man mit Kompost auch einen guten Gartenboden noch besser machen kann. Sein großer Vorteil ist, daß er den Boden nicht nur kurzfristig für die Pflanzen ergiebiger macht, wie das bei Dünger der Fall ist, sondern ihn dazu aktiviert, langfristig Nährstoffe zu speichern. Natürlich gibt es organisches Material, wie zum Beispiel Torf, das die gleiche Wirkung hat. Aber: In den letzten Jahren ist so viel Torf verbraucht worden, daß die Torfgebiete, wenn es so weitergeht, bald leergeräumt sein werden. Und: Torf müssen Sie kaufen, Kompost können Sie aus Abfall selbst machen. Dabei entlasten Sie gleichzeitig Ihre Mülltonne, vielleicht sogar so sehr, daß im nächsten Jahr eine kleinere reicht. Das spart dann wieder Gebühren.

Wer beim Wort Kompost die Nase rümpft, der denkt an einen falsch angelegten Komposthaufen. Guter Kompost stinkt nicht, sondern riecht wie verrottetes Laub im Wald. Viel Platz braucht er auch nicht. In einem kleinen Garten mit wenig Gemüse, in dem auch noch gemulcht wird (siehe Seite 162), kommt man mit einer 2 qm großen Ecke aus. Und dort legt man heute auch keinen „Haufen“ mehr an, sondern kauft sich ein Kompostsilo, ein quadratmetergroßes Viereck aus Draht, Holz oder Metall. Zwei Dinge sind wichtig: Das Silo darf keinen Boden haben, und die Seitenwände müssen luftdurchlässig sein. Der beste Platz für den Kompost ist im Halbschatten, irgendwo hinter einem Strauch oder einer Hecke versteckt.

Nie dürfen Sie den Kompostbehälter auf Steinplatten oder Folie stellen, er muß immer direkt auf der leicht gelockerten Erde stehen. Denn aus dem Boden darunter wandern Milliarden winziger Lebewesen, die sogenannten Mikroorganismen, Pilze, kleine Insekten und Regenwürmer nach oben und sorgen dafür, daß aus Ihren Abfällen neue, fruchtbare Erde entsteht, als Ergebnis eines Verrottungsprozesses. Fast alles geht wie von selbst – wenn Sie ein bißchen nachhelfen. Denn diese Lebewesen brauchen ein gutes Arbeitsklima: viel Luft, viel Wärme und Feuchtigkeit. Für Wärme sorgen sie selbst, Sauerstoff und Wasser müssen Sie zusteuern. Schließlich muß noch Kohlenstoff und Stickstoff in bestimmten Verhältnismengen vorhanden sein, sonst funktioniert die Umwandlung nicht.

Das klingt kompliziert, ist aber ganz einfach. Da ist zunächst der Sauerstoff, die Luft. Beginnen Sie jeden Komposthaufen auf dem Boden mit einer etwa 20 cm dicken Schicht aus zerkleinerten Ästen und Zweigen. Diese Schicht sorgt dafür, daß von unten Luft an den Kompost kommt. Wenn Sie an ein paar Stellen etwas Erde dazwischenpacken, können die Regenwürmer leichter nach oben steigen. Wenn der Komposthaufen wächst, werden etwa alle 20 cm wieder einige Zweige eingeschoben, damit sich Hohlräume bilden. Für die Verteilung der Luft innerhalb des Haufens sorgen dann die Gänge der Regenwürmer.

Als nächstes die Feuchtigkeit: Da brauchen Sie auch nicht sehr viel zu tun, die meisten Abfälle sind etwas feucht. Papier allerdings sollten Sie vorher zerkleinern und anfeuchten. Wenn es im Sommer einige Zeit ganz trocken ist, dann müssen Sie Ihren Komposthaufen gießen. Tun Sie aber nicht zuviel des Guten. Wird er richtig naß, fängt er bald an zu faulen und auch zu stinken. Deshalb sollten Sie in Regenzeiten auch eine Plane darüberdecken.

Damit das Verhältnis von Stickstoff und Kohlenstoff stimmt, sollten Sie nie große Mengen der gleichen Abfallsorte hineinpacken, sondern mischen. Grasschnitt zum Beispiel, der immer in Mengen anfällt, enthält sehr viel Stickstoff. Mischen Sie zerrissenes Papier darunter, es enthält Kohlenstoff. Grundsätzlich hat es sich bewährt, immer dann, wenn der Haufen um 20 cm gewachsen ist, eine dünne Schicht Horn- oder Blutmehl aufzustreuen.

Damit der Verrottungsprozeß schneller in Gang kommt, können Sie beim ersten Komposthaufen Ihres Lebens einen sogenannten Kompoststarter oder Kompostbeschleuniger zugeben, den man unter dieser Bezeichnung kauft. Später genügt es, wenn Sie vom letzten Kompost oder Ihrer inzwischen biologisch wertvollen Gartenerde ein paar Schaufeln voll dazwischen packen.

Auf den Komposthaufen kommt alles organische Material, das in Haus und Garten anfällt: Obst- und Gemüseabfälle, Eierschalen, Kaffeesatz, verwelkte Schnittblumen, gebrauchte Servietten, Pflanzenreste aus dem Garten, gebrauchte Blumenerde, Heckenschnitt (zerkleinern), Grasschnitt (auflockern), Laub, Unkräuter ohne Samen. Vorsichtig sein sollten Sie mit Zitrusschalen, die oft gespritzt sind, mit Zeitungspapier und Sägemehl, wenn das Holz behandelt war. Nicht auf den Kompost gehören kranke Pflanzen und Pflanzenreste sowie Fleischreste, die Ratten anlocken.

Meist sackt ein größerer Komposthaufen zusammen. Dann müssen Sie ihn an eine andere Stelle umsetzen, d. h. eigentlich das Untere nach oben kehren, dabei gut lockern und lüften. Ein kleinerer Komposthaufen dagegen muß selten umgesetzt werden.

Etwa acht bis neun Monate dauert es, je nach Zutaten, bis sich der Abfall in Erde verwandelt hat. Dann sollte der Kompost auch bald im Garten verteilt werden. Wenn er danach noch lange lagert, wird er nicht besser, sondern schlechter. Am Anfang hat man meist nur wenig Kompost; gehen Sie deshalb sparsam damit um. Zuerst kommt er auf Gemüsebeete und in Pflanzlöcher, dann kommen Beerensträucher und Obstbäume an die Reihe, was dann noch übrig ist, wird unter den Blumen und Ziersträuchern verteilt. Erfahrene Hobbygärtner haben meist zwei Kompostbehälter im Garten, einen, der gerade gefüllt wird, einen anderen, der reift.

Mulchen – ein Teppich für den Garten

Unkraut jäten, das ist wohl die mühseligste und meistgehaßte aller Gartenarbeiten. Dabei gibt es eine ganz einfache Möglichkeit, wie Sie das Unkraut aus Ihrem Garten verdrängen können: Sie müssen alle freien Erdflächen mulchen, das heißt mit organischem Material bedecken.

So eine Mulchabdeckung tut aber noch viel mehr Gutes als nur das Unkraut zu unterdrücken. Sie verstärkt das Bodenleben: Wenn Sie nach einiger Zeit die Mulchdecke lüften, wimmelt es darunter von Regenwürmern. Die Würmer wiederum sorgen mit ihren gegrabenen Gängen für eine natürliche Bodenlockerung. Die Mulchschicht sorgt aber auch dafür, daß der Boden feuchter bleibt. Es verdunstet weniger Wasser über die Erdoberfläche, Sie brauchen seltener zu gießen. Sie gleicht Temperaturschwankungen aus; der Boden ist im strengen Winter wärmer, im heißen Sommer kühler. Und schließlich zerfällt sie im Laufe der Monate und dringt als Humus in die Erde ein – Sie sparen auch noch Dünger.

Vom Frühjahr bis zum Herbst können Sie zum Mulchen den Grasschnitt verwenden, im Herbst ist so das abgefallene Laub sinnvoll untergebracht. Natürlich können Sie zum Mulchen auch Kompost oder Torf nehmen.

Wenn Sie zum ersten Mal mulchen, müssen Sie vorher leider noch einmal jäten. Dann verteilen Sie das Mulchmaterial als 3 cm dicke Schicht rund um die Pflanzen, am besten sogar überall dorthin, wo nackte Erde zu sehen ist. Grasschnitt allerdings dürfen Sie nicht zu dick aufschichten, da er sonst leicht zu einer undurchdringlichen Schicht verfilzt.

Für manche Hobbygärtner gibt es vielleicht auch einen Nachteil beim Mulchen: Ihre Beete sehen nicht ganz so aus, wie Sie sich eine gepflegte Blumenrabatte vorstellen. Das ist nun allerdings reine Geschmackssache. Und im Endeffekt müssen Sie selbst entscheiden, ob Sie mulchen oder lieber jäten, gießen und düngen wollen.

Düngen, auch im Naturgarten

Solange alle Pflanzenteile im Garten bleiben, als Mulch oder auf dem Komposthaufen in Humus und Nährstoffe umgewandelt werden und wieder zurück in die Erde gelangen, so lange ist in Ihrem Garten ein natürlicher Kreislauf vorhanden.

Etwas anderes ist es, wenn Sie Kräuter und Gemüse anbauen, die dem Boden sehr viel Nährstoffe entziehen, ohne daß genug zurückgeliefert wird. Meist fehlen dem Boden dann ganz bestimmte Elemente wie Stickstoff, Phosphat, gelegentlich auch Kalium, die er durch den Kompost allein nicht bekommt – Sie müssen düngen. Aber auch dafür gibt es natürliche Düngemittel. Zwar stellt sich ihr Erfolg nicht über Nacht ein; dafür sorgen sie für eine zwar langsame, aber regelmäßige Nährstoffzufuhr. Das heißt, die Pflanzen nehmen nur immer so viel Nährstoffe auf, wie sie gerade brauchen. Ein Überdüngen ist praktisch ausgeschlossen.

Die bekanntesten Stickstofflieferanten sind die sogenannten Leguminosen, bekannt als Gründüngung und unter dieser Bezeichnung auch als Saatgut zu kaufen. Dazu zählen Lupinen, Erbsen, Bohnen, einige Kleearten, Sojabohnen und andere mehr. Sie können ganz früh im Jahr gesät werden, lange bevor das Gemüse auf die Beete kommt (außer Lupinen), oder im Spätsommer, wenn die Beete abgeräumt sind. In ihren Wurzelknöllchen bilden sie Stickstoff, der für das gute Wachsen notwendig ist. Deshalb darf man die Pflanzen auch später nicht herausreißen, sondern schneidet sie nur dicht über dem Boden ab.

Während der Stickstoff sozusagen der Motor der Pflanze ist, ist Phosphor zuständig für Blüte und Fruchtbildung. Ein guter Phosphorlieferant ist Knochenmehl, das ausgestreut und leicht in den Boden gehackt wird. Holzasche dagegen liefert dem Boden Kalium, verantwortlich für den Wasserhaushalt der Pflanze, ihre Holzbildung und Kältefestigkeit.

Während Sie aber mit einer Gründüngung oder anderen Stickstofflieferanten wie Hornspänen und Blutmehl nie etwas falsch machen können, sollten Sie phosphor- und kaliumliefernde Dünger nur dann benutzen, wenn durch eine Bodenanalyse (siehe auch Seite 13) ein Mangel daran nachgewiesen wird.

Gute Nachbarn, schlechte Nachbarn

So komisch es auch klingen mag: Es gibt tatsächlich Pflanzen, die sich mögen, die sich gegenseitig fördern und vor Schädlingen schützen. Und es gibt solche, die sich überhaupt nicht grün sind, sich fast schon hassen und aggressive und wachstumshemmende Wurzelsäfte aufeinander loslassen. Solche guten und schlechten Nachbarschaften gibt es im Ziergarten genauso wie im Nutzgarten.

Dieser Krieg und Frieden im Garten wird am deutlichsten, wenn man die Pflanzen ausgräbt und ihre Wurzeln anschaut. Bei solchen, die sich lieben, sind die Wurzeln oft so miteinander verwachsen, daß sie kaum voneinander zu lösen sind. Pflanzen, die sich nicht leiden können, strecken ihre Wurzeln dagegen demonstrativ in die entgegengesetzte Richtung. Oder sie ziehen sie auf einen so engen Raum zusammen, daß sie nicht mehr genügend Nährstoffe im Boden finden und kümmerlich wachsen.

Die klassischen guten Nachbarn sind Möhren und Zwiebeln, die sich weder über noch unter der Erde in die Quere kommen. Außerdem halten sie sich gegenseitig die Schädlinge fern: Die Zwiebel vertreibt die Möhrenfliege, die Möhre die Zwiebelfliege. Auch mit Erdbeeren kommen die Zwiebeln gut zurecht, mit Stangenbohnen dagegen oder mit Kohl vertragen sie sich gar nicht. Schlechte Nachbarn sind auch Gurken und Tomaten, Kopfsalat und Petersilie, Sellerie und Kartoffeln. Kresse dagegen verbessert den Geschmack von Radieschen, Erdbeeren wachsen besonders gut zwischen Chrysanthemen, Kartoffeln unter Sonnenblumen.

Sogar bei den Bäumen gibt es solche Freundschaften und Abneigungen. Eichen und Linden zum Beispiel vertragen sich prächtig. Setzt man dagegen Birken und Kiefern zusammen, wächst nur die Kiefer wirklich gut.

Schädlingsbekämpfung ohne Chemie

In jedem Garten gibt es eine ganze Reihe von natürlichen Schädlingsbekämpfern: bewegliche wie Vögel, Igel, Marienkäfer, aber auch solche, die im Boden festgewachsen sind, Pflanzen, vor denen die Schädlinge Reißaus nehmen.

Diese natürlichen Feinde sollten Sie hegen und pflegen. Für die Singvögel, die besonders zur Zeit der Brutpflege ungeheure Mengen von Insekten und Raupen vertilgen, können Sie Nistkästen aufhängen und Vogeltränken aufstellen, um ihnen gerade Ihren Garten schmackhaft zu machen. Igel, die Jagd auf Schnecken und Wühlmäuse machen, fühlen sich in Gärten wohl, in denen Hekken und Laubhaufen Unterschlupf bieten. Ohrwürmer vertilgen Läuse und andere Obstbaumschädlinge. Stopfen Sie Holzwolle in Blumentöpfe, und hängen Sie diese umgekehrt in die Obstbäume. Tagsüber verkriechen sich die lichtscheuen Ohrwürmer darin, nachts suchen sie in den Bäumen ihr Futter. Mit den Schädlingskillern unter den Pflanzen ist alles einfacher: Sie brauchen nicht mit List in den Garten gelockt zu werden, sie werden einfach gepflanzt.

Blattläuse zum Beispiel nehmen Reißaus vor Lavendel und roten Margeriten (Pyrethrum). Deshalb setzt man diese Pflanzen zu solchen, die besonders anfällig für Blattläuse sind, also zwischen Rosen und Dahlien. Pfefferminze ist gut gegen Erdflöhe und Kohlweißling, Thymian und Salbei vertreiben Schnecken. Knoblauch soll sogar bei Mehltau helfen. Schnekken, Mäuse und Wühlmäuse können ihn auch nicht riechen. Studentenblumen sind das Heilmittel bei Wurzelälchen (Nematoden), die zu den gefährlichsten Bodenschädlingen gehören und ganze Gartenflächen verseuchen können. Die Wurzeln der Studentenblumen enthalten einen Stoff, der die Älchen anlockt. Wenn sie in diese Wurzeln eindringen, vergiften sie sich. Bei einem verseuchten

Boden nutzen allerdings einzelne Blumen wenig, es muß schon ein ganzer Teppich von Studentenblumen sein.

Wenn Sie bestimmte Schädlinge von bestimmten Pflanzen fernhalten wollen, können Sie ihnen natürlich auch ihre Lieblingsspeise vor die Nase setzen. Kapuzinerkresse zum Beispiel zieht die Blattlaus magisch an. Wenn dann allerdings die Pflanzen ganz voll sitzen, müssen sie ausgerissen oder abgeschnitten und weggeworfen werden.

Manchmal allerdings sind Blattläuse da, aber keine Kapuzinerkresse. Und auch kein Marienkäfer läßt sich blicken. In solchen Fällen können Sie es mit einer Jauche oder Brühe versuchen. Gegen viele Krankheiten und Schädlinge ist ein Kraut gewachsen, das Sie in der freien Natur sammeln oder getrocknet im Fachhandel kaufen können.

Brennesselbrühe zum Beispiel wirkt gegen Blattläuse. Füllen Sie 1 kg frische oder 100–150 g getrocknete Brennesseln in einen Eimer mit 10 l Wasser. Zwei Tage stehenlassen, abseihen und die Brühe über die befallenen Pflanzen spritzen. Wenn Sie den Eimer zwei Wochen stehenlassen, täglich umrühren, entsteht Brennesseljauche. Sie wird ebenfalls durch ein Sieb gefiltert und mit Wasser verdünnt (Mischungsverhältnis 1 : 10). Die Jauche wird nicht gespritzt, sondern in den Wurzelbereich der Pflanze gegossen. Sie hilft bei Erdflöhen, macht aber, regelmäßig gegossen, auch alle Pflanzen widerstandsfähiger. Aber: Brennesseljauche stinkt.

Schachtelhalmbrühe, regelmäßig gespritzt, hat eine vorbeugende Wirkung gegen Mehltau, Schorf und andere Pilzkrankheiten. Setzen Sie 1 kg frische oder 200 g getrocknete Ackerschachtelhalme in 10 l Wasser an. Nach einem Tag Gärung die Brühe 1/2 Stunde lang kochen, nach dem Abkühlen durchsieben, im Verhältnis 1 : 5 mit Wasser verdünnen und im Frühjahr mehrmals vorbeugend spritzen.

Auch aus Rhabarberblättern, Zwiebelschalen, Knoblauch, Kamille und Farnkraut können Sie wirkungsvolle Brühen und Jauchen herstellen.

Manchmal wird aber auch ein Natur-Gärtner nicht um die Chemie herumkommen: wenn ein gefährlicher Schädling so rasch um sich greift, daß ohne eine Soforthilfe die Pflanze zum Tode verurteilt ist. Und wenn es sich dabei um einen großen Strauch oder gar Baum handelt, hilft nur ein schnell wirkendes Gift. Dann aber sollten Sie unbedingt die Gebrauchsanweisung beachten, nie bei Wind oder Bienenflug und nie in der Nähe von Obst und Gemüse spritzen, das schon nach wenigen Wochen geerntet werden soll. Am besten gehen Sie mit einem kranken Zweig vorher zum nächsten Pflanzenschutzamt (im Telefonbuch nachschauen), fragen, um welchen Schädling es sich handelt und womit man ihn bekämpfen soll.

Eine fettgedruckte Seitenzahl (z.B. **76**) bedeutet, daß die Pflanze oder das Thema auf dieser Seite eingehend besprochen wird.